Gesprächskreis Geschichte

Heft 17

Michael Schneider

Die »Goldhagen-Debatte«

Ein Historikerstreit in der Mediengesellschaft

Forschungsinstitut der Friedrich-Ebert-Stiftung
Historisches Forschungszentrum

Sonderdruck aus:
Archiv für Sozialgeschichte XXXVII, 1997, S. 460-481

Herausgegeben von Dieter Dowe
Forschungsinstitut der Friedrich-Ebert-Stiftung

Kostenloser Bezug beim Historischen Forschungszentrum
der Friedrich-Ebert-Stiftung
Godesberger Allee 149, 53175 Bonn
(Tel. 0228/883-473)

Druck: satz + druck gmbh, Düsseldorf

Printed in Germany 1997

ISBN 3-86077-669-X
ISSN 0941-6862

Vorbemerkung des Herausgebers

Kaum eine historisch-politische Debatte der letzten Jahre, insbesondere nach dem sogenannten „Historikerstreit“, hat die Fachwissenschaft wie auch die deutsche Öffentlichkeit so sehr bewegt, ja erregt wie die „Goldhagen-Debatte“. Das Buch von Daniel Jonah Goldhagen „Hitlers willige Vollstrecker. Ganz gewöhnliche Deutsche und der Holocaust“, dessen deutsche Übersetzung unmittelbar nach der amerikanischen Ausgabe 1996 erschien, war mit seinen grandiosen Einseitigkeiten ein Frontalangriff auf die bisherige Holocaust-Forschung. Die Diskussion darum beweist einmal mehr, wie sehr die nationalsozialistische Vergangenheit unsere politische Kultur bestimmt, aber auch, wie sehr die deutsche Öffentlichkeit bereit ist, sich mit pointierten neuen Sichtweisen und wissenschaftlichen Argumenten auseinanderzusetzen. (Ob dies in gleicher Weise auch auf den Autor zutrifft, läßt sein Verhalten gegenüber Kritikern mittlerweile eher bezweifeln.)

Nachdem wir im Vorjahr als Heft 14 dieser Reihe die Ergebnisse eines Kolloquiums der Friedrich-Ebert-Stiftung als *Beitrag* zur Goldhagen-Debatte vorgelegt haben, veröffentlichen wir hiermit eine Auseinandersetzung Michael Schneiders mit der *Debatte als solcher*, deren Verlauf von den Bedingungen unserer Mediengesellschaft geprägt war. Seine Analyse fragt nach dem Stellenwert des Buches von Goldhagen innerhalb der Holocaust-Forschung sowie nach seiner Bedeutung für das historisch-politische Bewußtsein und die politische Kultur in der Bundesrepublik Deutschland.

Wir hoffen, daß diese Ausführungen, die zuvor in einem Fachorgan (Archiv für Sozialgeschichte, Band 37, 1997, S. 460-481) erschienen sind, hiermit einen breiteren Leserkreis finden werden.

Bonn, im November 1997

Dr. Dieter Dowe
Leiter des
Historischen Forschungszentrums

Inhalt

Will man mit einigem zeitlichen Abstand das im Sommer letzten Jahres auf deutsch publizierte Buch von Daniel Jonah Goldhagen[1] besprechen, so kann man sich wohl kaum von dem Eindruck frei machen, den die Debatte des Jahres 1996 hinterlassen hat. Dies gilt nicht nur in dem Sinne, daß inzwischen eine Vielzahl von Argumenten, die gegen und auch für das Buch Goldhagens sprechen, ausgetauscht worden sind. Vielmehr ist zu berücksichtigen, daß die deutsche Ausgabe selbst Teil des Diskussionsprozesses war und ist. So hat Goldhagen in einem Zeitungsinterview auf die Fragen »Hat Sie eines der Gegenargumente überzeugt? Würden Sie das eine oder andere in Zukunft modifizieren?« geantwortet: »Es gibt nicht eine einzige Kritik, die ich nicht bereits vor dem Schreiben meines Buches berücksichtigt habe, und viele dieser Gegenpositionen habe ich in dem Buch zurückgewiesen. Also: Die Antwort an meine Kritiker ist das Buch selbst.«[2] Außerdem hat Goldhagen in seinem »Vorwort zur deutschen Ausgabe«[3] auf die seitherige Diskussion reagiert; und auch die Übersetzung, die eine Reihe von Präzisierungen und wohl auch Glättungen gegenüber dem Originaltext vorgenommen hat[4], kann man als Antwort auf den Diskussionsprozeß, den schon die amerikanische Fassung in den USA und erst recht in Deutschland ausgelöst hat, verstehen. Schließlich ist das Buch nicht von den Interpretationsversuchen des Autors zu trennen, die er bereits kurz nach dem Erscheinen der Originalausgabe in einer Kurzzusammenfassung und in der »Antwort an die Kritiker« – beides in der »Zeit«[5] publiziert – sowie in seinen Auftritten in z. T. vom Fernsehen übertragenen Podiumsdiskussionen unternommen hat. So kann eine Rezension momentan wohl nur den Versuch machen, die Argumentation Goldhagens mit der Debatte zu konfrontieren, um auf dieser Basis sowohl die Charakteristika seiner Thesen als auch die der Debatte herauszuarbeiten: Wo liegen die konkreten Interpretationsunterschiede? Wo zeigen sich etwaige Fehlinterpretationen und Mißverständnisse? Was sagt die Aufnahme des Buches in Deutschland über den Stand der Holocaust-Forschung und über den des historisch-politischen Bewußtseins und der politischen Kultur in der Bundesrepublik Deutschland?

---

1 *Daniel Jonah Goldhagen,* Hitlers willige Vollstrecker. Ganz gewöhnliche Deutsche und der Holocaust. Aus dem Amerikanischen übers. v. Klaus Kochmann, Siedler Verlag, Berlin 1996, 736 S., geb., 59,80 DM; die amerikanische Ausgabe (*ders.*, Hitler's Willing Executioners. Ordinary Germans and the Holocaust, New York 1996) basiert auf: *ders.,* The Nazi Excutioners: A Study of their Behavior and the Causation of Genozide, Ph.D. Harvard University 1992.

2 Vgl.: Der Tagesspiegel, Ausgabe vom 6. 9. 1996.

3 *Goldhagen,* Hitlers willige Vollstrecker, S. 5–13.

4 Vgl.: »Riesige Mehrheit«. Die deutsche Übersetzung glättet Goldhagens Thesen, in: Der Spiegel, Ausgabe vom 12. 8. 1996, S. 42. Vgl. dazu den Leserbrief Goldhagens, in: Der Spiegel, Ausgabe vom 19. 8. 1996, S. 14. Siehe auch *Reinhard Rürup,* Viel Lärm um nichts? D.J. Goldhagens »radikale Revision« der Holocaust-Forschung, in: Neue Politische Literatur 3, 1996, S. 358–364, insbes. Anm. 11 f.

5 *Daniel Jonah Goldhagen,* Täter aus freien Stücken. Warum die Deutschen als Kollektiv schuldig wurden, in: Die Zeit, Ausgabe vom 12. 4. 1996, S. 9–12; *ders.,* Das Versagen der Kritiker, in: ebd., Ausgabe vom 2. 8. 1996, S. 9–14.

I. Der Auftakt: Die »Zeit«-Initiative und erste Reaktionen

Wohl selten hat ein Buch – zumal ein umfangreiches geschichtswissenschaftliches – bereits vor seinem Erscheinen in deutscher Sprache eine derartig erregte Debatte ausgelöst wie die Dissertation Goldhagens, die im Frühjahr 1996 in einer überarbeiteten Fassung in New York publiziert wurde. Mit sicherem Gespür für den Zündstoff, den das Buch Goldhagens gerade für deutsche Leser birgt, hat Volker Ullrich in der »Zeit« – auf der Titelseite[6] – eine Debatte initiiert, die wie keine geschichtswissenschaftliche Kontroverse zuvor den Gesetzen der Mediengesellschaft entsprach: Thema und Ausgangsthesen der Debatte boten den Medien – von der Tagespresse bis zum Fernsehen – den Stoff, aus dem Medienereignisse sind; aber die Medienpräsenz prägte mit ihren Anforderungen – klare, möglichst personalisierte Frontstellungen, pointierte Formulierungen und Emotionalität – ihrerseits den Stil der Debatte. So deutlich wie kaum zuvor kam es zu einer Symbiose von geschichtswissenschaftlichem Werben um Öffentlichkeit und Skandalbedürfnis der Medien.

Die Debatte um das Buch Goldhagens zeigte zwei Wellen: Die erste dauerte – angestoßen von der Publikation in der »Zeit« Mitte April 1996 – bis zum Frühsommer, bis Juni 1996; die zweite – ausgelöst durch das Erscheinen der deutschen Ausgabe und unterfüttert durch die Deutschland-Tournee Goldhagens – reichte vom September bis Oktober 1996. Beide Debatten-Wellen haben ein jeweils eigenes Profil: Das der ersten wurde zunächst vor allem von Journalisten bestimmt; erst nach und nach schalteten sich Fachwissenschaftler ein, die dann den Hauptpart der Auseinandersetzung in der zweiten Phase der Kontroverse übernahmen. Die sich daran anschließende, ohnehin auf längere Fristen angelegte »innerwissenschaftliche« Rezensionsphase bleibt hier außer Acht, zumal sie gerade erst anfängt.[7] Auch wenn in den eher fachwissenschaftlichen Stellungnahmen zum Buch Goldhagens bereits im Mai/Juni Ansätze einer Tendenz zu einem gelasseneren und demgemäß abgewogeneren Urteil erkennbar wurden, war die persönliche Konfrontation in den Podiumsdiskussionen dennoch vielfach von scharfen Frontstellungen gekennzeichnet. Dies war in den auf Kontroverse angelegten Ausgangsthesen Goldhagens vorgezeichnet, wurde aber von den auf Polarisierung zielenden Anforderungen der Medien-Debatte verstärkt und trug wohl zu der oftmals beobachteten Kluft zwischen Podium und Publikum bei, waren doch die Sympathien weiter Kreise des Publikums eindeutig auf der Seite Goldhagens, nicht auf der seiner Kritiker.

Nun wäre es allerdings verfehlt, wollte man annehmen, die »Medien-Debatte« sei »gemacht« worden. Die Debatten in der Presselandschaft waren nur der am deutlichsten sichtbare Teil eines Diskussionsprozesses, der von privaten Gesprächen, universitären Seminar-Beratungen und fachwissenschaftlichen Diskursen über Leserbrief-Debatten[8] bis zu den Podiumsdiskussionen im September 1996 reichte, deren Massenzustrom die Veranstalter vielfach erstaunte und vor nicht unbeträchtliche organisatorische Probleme stellte; schließlich dürften auch der Verkaufserfolg zunächst der englisch-sprachigen Ausgabe, dann der deutschen Übersetzung, von der innerhalb eines Monats – als eine Art »Bekenntnis« – 80 000 Exemplare gekauft worden sein sollen, und schließlich das rasche Erscheinen einer »Dokumentation zur Goldhagen-Kontroverse«[9] als Indiz dafür

---

6 *Volker Ullrich*, Hitlers willige Mordgesellen. Ein Buch provoziert einen neuen Historikerstreit: Waren die Deutschen doch alle schuldig?, in: Die Zeit, Ausgabe vom 12. 4. 1996, S. 1.

7 Siehe z. B. *Götz Aly*, in: Mittelweg 36, 5. Jg., Nr. 6, Dezember 1996/Januar 1997, S. 46–49; *Rürup*, S. 358 ff.

8 Siehe z. B. Die Zeit, Ausgaben vom 3. 5., 21. 6. und 23. 8. 1996; Frankfurter Rundschau (FR), Ausgabe vom 7. 5. 1996.

9 *Julius H. Schoeps* (Hrsg.), Ein Volk von Mördern? Die Dokumentation zur Goldhagen-Kontroverse um die Rolle der Deutschen im Holocaust, Verlag Hoffmann und Campe, Hamburg 1996, 252 S., brosch., 25 DM. Das »Vorwort des Herausgebers« ist auf »Juli 1996« datiert.

gelten, daß es einen großen Kreis von Personen gab, die ein massives Interesse an Thema und Verlauf der Debatte hatten. Dieses Interesse »der« Öffentlichkeit konnte zwar durch die allgegenwärtige Medien-Präsenz der »Goldhagen-Debatte« stimuliert, indessen gewiß nicht »gemacht« werden.

Wie gesagt, in Deutschland wurde Goldhagens Ende März 1996 in den USA erschienenes Buch – die erste deutsche Rezension publizierte übrigens der »Tagesspiegel«[10] – einer breiten Öffentlichkeit vor allem durch den Artikel Volker Ullrichs bekannt, der in der »Zeit« vom 12. April 1996 – so der Untertitel – konstatierte: »Ein Buch provoziert einen neuen Historikerstreit«. Und er prophezeite mahnend: »Wie sein aufstörendes, verstörendes Buch bei uns aufgenommen wird – daran wird sich viel ablesen lassen über das historische Bewußtsein dieser Republik.«[11] Ullrich lieferte zudem eine Zusammenfassung der wichtigsten Thesen Goldhagens: Es gehe Goldhagen darum, Antworten auf zwei Fragen zu geben: Wie konnte der Holocaust geschehen? Und: Warum geschah er gerade in Deutschland? Mit seiner knappen Zusammenfassung der Argumentation Goldhagens hat Ullrich gewiß nicht unwesentlich zur Entwicklung der folgenden Kontroverse beigetragen: Goldhagen – so resümierte Ullrich – habe festgestellt, daß die Mörder, die überdies freiwillig, wenn nicht mit Lust gemordet hätten, ganz normale Deutsche gewesen seien; das sei aus der spezifischen Form des deutschen Antisemitismus erklärbar, der als »eliminatorischer« die deutsche Gesellschaft seit dem 19. Jahrhundert durchtränkt und den Judenmord zum »nationalen Projekt« der Deutschen gemacht habe. Ullrich stand den Thesen Goldhagens jedoch keineswegs unkritisch gegenüber. So merkte er an, daß man fragen müsse, ob sich der deutsche Antisemitismus des 19. Jahrhunderts wirklich so deutlich, wie von Goldhagen behauptet, von dem anderer Länder unterschieden habe; auch müsse man wohl problematisieren, ob die deutsche Gesellschaft wirklich vom Antisemitismus durchdrungen gewesen sei; Goldhagen – so monierte Ullrich – argumentiere wie ein Staatsanwalt mit »simplifizierender Einseitigkeit«; und außerdem eigne seiner Schilderung des Verlaufs der deutschen Geschichte ein deterministischer Grundzug. Diese kritischen Einwände ließen Ullrich indessen nicht davon Abstand nehmen, Goldhagen, den er als »brillanten Harvard-Dozenten« vorstellte, die Möglichkeit einer mehrseitigen Kurzdarstellung seiner zentralen Thesen einzuräumen – und zwar unter dem ebenso pointierten wie brisanten Titel »Täter aus freien Stücken. Warum die Deutschen als Kollektiv schuldig wurden«.[12]

Damit waren die zentralen Streitpunkte der anschließenden Debatte vorprogrammiert. Es wäre jedoch falsch, wenn man die folgende Kontroverse etwa darin begründet sähe, daß Ullrich und/oder Goldhagen die Argumentation des Buches derart verkürzt hätten, daß sich daraus Überspitzungen und Verzerrungen ergeben hätten, die nun den zum Teil vehementen Widerspruch heraufbeschworen hätten. Vielmehr wird sich zeigen, daß Goldhagen seine »Botschaft« auch in dem umfangreichen Buch mit eben derselben Prägnanz, nur mit einer Fülle von Einzelbeispielen untermauert und durch Wiederholungen intensiviert, vorträgt wie in der Kurzzusammenfassung in der »Zeit«. Gerade Einseitigkeit und Vehemenz des Urteils, die das Buch Goldhagens prägen, wirkten als Provokation, die von den Medien als Auslöser eines Streits erkannt, begierig aufgegriffen und damit verstärkt wurde. Nicht das Buch direkt, sondern die prominente Würdigung der Thesen Goldhagens in der Presse hat die Kritiker auf den Plan gerufen.

Die Reaktionen auf das Buch Goldhagens und auf die »Zeit«-Initiative waren überaus vielgestaltig; und dennoch lassen sich in der Rückschau Phasen und Grundmuster der Argumentation herausarbeiten. Zunächst, d. h. Mitte April 1996, zeigte sich vielfach

10 *Jacob Heilbrunn,* Ankläger und Rächer, in: Der Tagesspiegel, Ausgabe vom 31. 3. 1996.

11 Siehe *Ullrich,* Hitlers willige Mordgesellen.

12 Siehe *Goldhagen,* Täter.

die Neigung, den Diskussionsbedarf zu leugnen: So wurde in der »Frankfurter Rundschau« (FR) kritisch vermerkt, die Thesen Goldhagens seien »eine auf Empörung schielende Provokation«, deren geringer geschichtswissenschaftlicher Wert in der US-Debatte bisher nicht entdeckt worden sei, weil dort »doch meist jüdische Nicht-Historiker, sprich Journalisten und Kolumnisten unter sich« diskutierten. Hier werde also ein zweiter – eigentlich überflüssiger – Historikerstreit inszeniert.[13] Und Norbert Frei, einer der Fachwissenschaftler, die sich sehr früh zum Buch Goldhagens geäußert haben, gab seinem Zweifel Ausdruck, daß ein neuer Historikerstreit ins Haus stehe.[14] Auch »die tageszeitung« (taz) konstatierte – mit einem überaus polemisch formulierten Artikel aus der Feder Miriam Niroumands[15] – kurz und bündig, das Buch Goldhagens werde »keinen neuen Historikerstreit auslösen«. Und weiter hieß es: »Es ist die zur Flagellanten-Geste verkommene Selbstbezichtigungs-Rhetorik, der die komplexen Ergebnisse der traditionellen Antisemitismusforschung aus Berlin, Hamburg, Frankfurt zu dürr, zu kühl, zu soziologisch, zu systemisch und temporär sind. [...] Erst die Dämonisierung deutscher Innenansichten liefert das rechte Maß an Scham, Schicksalsmacht und Zerknirschtheit, das hier offenbar noch immer gebraucht wird.« Mit einer derartig pointierten Interpretation stand die »taz« im übrigen einigermaßen isoliert da. Allenfalls an die Stellungnahme Frank Schirrmachers in der »Frankfurter Allgemeinen Zeitung« (FAZ) ist zu erinnern, in der Goldhagens Thesen in das »Arsenal der Belehrungs- und Selbstbezichtigungsliteratur der frühen fünfziger Jahre« eingeordnet wurden.[16] Nicht weniger deutlich war da Malte Lehming im »Tagesspiegel«: Die »Zeit«, das »Fortbildungsorgan für Studienräte«, habe Goldhagens Thesen verbreitet – in dem Vertrauen darauf, »daß die Vergangenheitsbewältigungsmaschinerie anspringt«.[17] Damit waren die »Frontlinien« abgesteckt: Goldhagen wurde zur Symbol- bzw. Identifikationsfigur der »Selbstbezichtiger« und »Vergangenheitsbewältiger« stilisiert, der die Vertreter der »kühlen Wissenschaft« gegenübergestellt wurden, die dadurch jedoch geradezu zwangsläufig in den Verdacht der NS-Apologie oder der »Schlußstrich«-Befürwortung, zumindest des Bemühens um eine Entschuldigung »der« Deutschen gerieten.

Trotz der ersten Versuche, eine »drohende« Debatte sozusagen im Keim zu ersticken, wurde das Buch Goldhagens binnen weniger Tage – ohne daß man es in Deutschland lesen konnte – zu einem Top-Thema der Medien: Kaum eine Tages- oder Wochenzeitung erschien Mitte/Ende April, ohne daß auf dieses Thema eingegangen worden wäre; und mit Erich Böhmes »Talk im Turm« (SAT 1) eroberte die Kontroverse am 28. April 1996 auch den Bildschirm.[18] Zunächst waren es bis auf Ausnahmen – z. B. Norbert Frei – vor

---

13 *Matthias Arning/Rolf Paasch,* Die provokanten Thesen des Mister Goldhagen. Der US-Soziologe stößt mit seinem Buch »Hitlers bereitwillige Helfer« bei deutschen Forschern auf viel Kritik, in: FR, Ausgabe vom 12. 4. 1996. Ähnlich betonte *Rudolf Augstein* (Der Soziologe als Scharfrichter, in: Der Spiegel, Ausgabe vom 15. 4. 1996, S. 29–32), daß die Debatte in den USA u.a. von »den meist jüdischen Kolumnisten, Nichthistorikern also«, geführt werde; siehe dazu *Klaus Bittermann,* Und Augstein vorneweg, in: Junge Welt, Ausgabe vom 30. 4. 1996; vgl. auch *Wolfgang Wippermann,* (K)ein Volk von Tätern, in: Jüdisches Wochenblatt, Ausgabe vom 2. 5. 1996.

14 *Norbert Frei,* Ein Volk von »Endlösern«? Daniel Goldhagen bringt eine alte These im neuen Gewand, in: Süddeutsche Zeitung (SZ), Ausgabe vom 13./14. 4. 1996.

15 *Miriam Niroumand,* Little Historians. Das Buch des amerikanischen Politologen Daniel Jonah Goldhagen wird keinen neuen Historikerstreit auslösen, in: die tageszeitung (taz), Ausgabe vom 13. 4. 1996.

16 *Frank Schirrmacher,* Hitlers Code. Holocaust aus faustischem Streben? Daniel John [!] Goldhagens Remythisierung der Deutschen, in: Frankfurter Allgemeine Zeitung (FAZ), Ausgabe vom 15. 4. 1996.

17 *Malte Lehming,* Bekenntniszwang, in: Der Tagesspiegel, Ausgabe vom 15. 4. 1996.

18 Teilnehmer waren die Historiker Gerhard Jagschitz und Hans Mommsen sowie Monika Ziegler vom New Yorker »Aufbau«, Daniel Cohn-Bendit und Michel Friedmann. Siehe dazu den Bericht

allem Journalisten, die sich zu Goldhagens Thesen äußerten. Ausführliche Stellungnahmen publizierten Josef Joffe in der »Süddeutschen Zeitung« (SZ)[19], Rudolf Augstein im »Spiegel«[20] und Frank Schirrmacher in der FAZ.[21] Vor allem die »Zeit« sorgte indessen dafür, daß eine Reihe von Fachwissenschaftlern und -wissenschaftlerinnen zu den Thesen Goldhagens Stellung nahm. Das trug nicht nur zur zeitlichen Dehnung der Debatte bei, sondern leistete zugleich einen wichtigen Beitrag zur Versachlichung der Diskussion.

Neben den genannten Versuchen, die Debatte zu stoppen, bevor sie angefangen hatte, dominierten zunächst überaus scharfe Stellungnahmen, die im übrigen auch zu späteren Zeiten nicht völlig verschwanden. Genannt sei nur das Diktum Eberhard Jaeckels, der das Buch Goldhagens »einfach schlecht« fand und entrüstet konstatierte, es handele sich um eine »durch und durch mangelhafte, mißlungene Dissertation, und der Medienwald erzittert, als sei ein Komet eingeschlagen«.[22] Und Norbert Frei befand, das Buch Goldhagens sei – mit Ausnahme des Kapitels über die Todesmärsche – »historisch-empirisch nur von geringem Ertrag«.[23] Rudolf Augstein bemerkte schließlich apodiktisch: »Das Ergebnis ist mager, man kann auch sagen, es ist gleich Null.«[24] Hier zeigte sich genau die Reaktion, die einige Beobachter erwartet hatten, da sie vom Stil Goldhagens selbst provoziert werde: Goldhagens Buch leiste zwar in »einigen Teilen [...] einen nützlichen Beitrag zur vorhandenen Literatur [...]. Aber gerade weil es so voll Zorn, Anschuldigungen, Bezichtigungen, Unterstellungen und Selbstgerechtigkeit ist, erweist es der beträchtlichen Mühe des Autors und seinen Themen einen schlechten Dienst. [...] Und die Wissenschaftler, die ein Leben lang den Nationalsozialismus erforscht und über ihn geschrieben haben? Ich fürchte, ihnen wird Goldhagens Überheblichkeit ihrer Arbeit gegenüber es fast unmöglich machen, seine wichtigen Thesen anzuerkennen.«[25]

Den Anstoß zur Kontroverse hat denn auch nicht Goldhagens Forscherleistung, haben nicht die Kapitel über die Rolle der Polzeibataillone bei der Ermordung der Juden, über die »Arbeitslager« und über die »Todesmärsche« geboten; anstößig wirkte vielmehr die Arroganz, mit der er der bisherigen Holocaust-Forschung attestierte, sie sei nicht nur dürftig und lückenhaft, sondern sie habe den Charakter des Judenmords nicht verstanden, ja zeichne ein beschönigendes Bild.[26] Und anstößig wirkten seine Generalisierungen und Pauschalurteile sowie sein Interpretationsrahmen, der sich in folgender These zusammenfassen läßt: Der »eliminatorische Antisemitismus« sei seit dem 19. Jahrhundert das »nationale Projekt« »der Deutschen« gewesen. Und dieser Antisemitismus sei der deutschen Gesellschaft, wenn nicht den Deutschen geradezu eingeboren, so daß er selbst in Phasen, in denen es keine Belege für seine Existenz gebe, latent vorhanden sei.[27] In der Tat verstanden gerade auch Fachwissenschaftler Goldhagens Buch als »Frontalangriff«

---

von *Frank Schirrmacher,* Starke Thesen viel zu leicht. Daniel Goldhagens Buch im Gespräch, in: FAZ, Ausgabe vom 30. 4. 1996.

19 *Josef Joffe,* Hitlers willfährige Henker. Oder: Die »gewöhnlichen Deutschen« und der Holocaust, in: SZ, Ausgabe vom 13./14. 4. 1996.

20 Siehe *Augstein.*

21 Siehe *Schirrmacher,* Hitlers Code.

22 *Eberhard Jaeckel,* Einfach ein schlechtes Buch. »Hitler's Willing Executioners« von Daniel J. Goldhagen fällt in primitive Stereotypen zurück, in: Die Zeit, Ausgabe vom 17. 5. 1996.

23 Siehe *Frei.* Ähnlich machte *Gordon A. Craig,* Ein Volk von Antisemiten?, in: Die Zeit, Ausgabe vom 10. 5. 1996, seine »Vorbehalte gegenüber der Stoßrichtung von Goldhagens Buch deutlich, und zwar unter gleichzeitiger Anerkennung seiner positiven Beiträge zu unserer Kenntnis des Nationalsozialismus«, z. B. mit der Darstellung der Arbeitslager und der Todesmärsche.

24 *Augstein,* S. 29.

25 *Omer Bartov,* Ganz normale Monster (zuerst auf englisch in: The New Republic, Ausgabe vom 29. 4. 1996), zit. nach *Schoeps,* hier S. 66 f.

26 *Goldhagen,* Vollstrecker, S. 6 und speziell S. 15–41 bzw. vor allem die Anmerkungen S. 556–563.

27 Ebd., S. 59, auch S. 67 f.

auf die bisherige Holocaust-Forschung. Dieser Eindruck stützte sich zunächst auf den Stil des Buches, der von »knalligen Thesen« geprägt sei, sowie auf den hohen Anspruch des Autors, der seinen Forschungen nicht nur höchste Originalität bescheinigt, sondern zugleich ankündigt, seine Arbeit werde die Sicht des Holocaust verändern.[28] Neben den von der Kritik Goldhagens direkt betroffenen Historikern bemängelten auch zahlreiche Journalisten – z. B. Frank Schirrmacher – die »pamphlethafte Intensität des Buches« sowie die »radikale Einfachheit, mit der der Autor seine Thesen vorträgt«, so daß geradezu zwangsläufig »Streit und Bekenntniseifer« ausgelöst würden.[29]

Richtete sich diese Kritik vor allem gegen die Tendenz Goldhagens zu argumentativer Vereinfachung und begrifflicher Pauschalisierung, so geriet die Form der Darstellung noch unter einem zweiten Aspekt ins Visier der Rezensenten: Dem Buch wurde bescheinigt, es folge einer nicht nur mediengerechten, sondern überdies den Massenmedien abgeschauten Dramaturgie oder »Ästhetik des Grauens«, die erfolgreich eingesetzt werde, um die emotionale Wirkung des Dargestellten zu steigern.[30]

Schwingt in dieser Analyse auch ein Unterton von Bewunderung für die geschickte Nutzung »moderner«, eben mediengängiger Stilmittel mit, so kritisierte Hans Mommsen das »voyeuristische Element der Darstellung«[31], womit zugleich die schon erwähnte Frontlinie zwischen »kühler Wissenschaftlichkeit« und (kalkulierter) Emotionalisierung betont wurde. Auch wenn man sich fragen mag, ob derartige Darstellungsformen nicht der Ungeheuerlichkeit der beschriebenen Verbrechen angemessen sind, ist doch auf den Grundsatz wissenschaftlicher Arbeit zu verweisen: Wissenschaft zielt auf die Wahrung oder Herstellung von Distanz zum Gegenstand der Untersuchung; die Darstellung Goldhagens aber zielt auf Betroffenheit und Identifikation. Eben aus dieser Differenz erwachsen einige der Probleme, die sich bei der Vermittlung der fachwissenschaftlichen Kritik am Buch Goldhagens z. B. in den Podiumsdiskussionen vom September 1996 zeigten.

II. Die inhaltlichen und methodischen Streitpunkte

Schauen wir uns die Kontroverse genauer an: 1. Zunächst einmal ging es um die Frage: Wer waren die Täter? Wie groß war ihre Zahl? Nach Goldhagens Befund waren es ganz »normale Deutsche«, die – zu Tausenden, wenn nicht Hunderttausenden[32] – ohne Skrupel, ja aus Überzeugung mordeten, eben weil sie als Antisemiten von der Richtigkeit und Notwendigkeit ihres Tuns durchdrungen waren. Auch die jüngere Holocaust-Forschung, vertreten etwa durch Christopher Browning[33], Hans Mommsen[34] und Raul

28 So z. B. *Frei.*

29 *Schirrmacher,* Hitlers Code.

30 *Ulrich Raulff,* Herz der Finsternis. Daniel Jonah Goldhagens Ästhetik des Grauens, in: FAZ, Ausgabe vom 16. 8. 1996.

31 *Hans Mommsen,* Die dünne Patina der Zivilisation. Der Antisemitismus war eine notwendige, aber keineswegs hinreichende Bedingung für den Holocaust, in: Die Zeit, Ausgabe vom 30. 8. 1996.

32 *Goldhagen,* Vollstrecker, S. 204; hier wird die Zahl auf 100 000 bis 500 000 geschätzt.

33 *Christopher Browning,* Ganz normale Männer. Das Reserve-Polizeibataillon 101 und die »Endlösung« in Polen, Reinbek 1993.

34 *Hans Mommsen,* Die Realisierung des Utopischen: Die »Endlösung der Judenfrage« im Dritten Reich, in: GG 9, 1983, S. 381–420; *ders./Dieter Obst,* Die Reaktion der deutschen Bevölkerung auf die Verfolgung der Juden 1933–1943, in: *ders./Susanne Willems* (Hrsg.), Herrschaftsalltag im Dritten Reich. Studien und Texte, Düsseldorf 1988, S. 374–426; *ders.,* Was haben die Deutschen vom Völkermord an den Juden gewußt?, in: *Walther H. Pehle* (Hrsg.), Der Judenpogrom 1938. Von der »Reichskristallnacht« zum Völkermord, Frankfurt/Main 1988, S. 176–200.

Hilberg[35], ortet die Täter nicht nur in der Führung der NSDAP, nicht nur im engsten Kreis um Hitler und die SS-Spitze. Vielmehr gehörten zu den Tätern – darauf hingewiesen zu haben, gehört ja gerade zu den Verdiensten der jüngeren Forschung – nicht nur SS- und SA-Männer, nicht nur KZ-Wächter, sondern auch Beamte und Angestellte der öffentlichen Verwaltung und des Transportwesens, Polizisten und Soldaten. Der Kreis der Täter war also größer, als es manche Gegner der »Kollektivschuld«-These wahrhaben wollen; aber auch wenn die Zahl der direkt am Massenmord Beteiligten in die Zehn- oder Hunderttausende ging, so rechtfertigt dies doch nicht – so die gegen die Darstellung Goldhagens erhobenen Einwände – die These, (nahezu) alle Deutschen seien Täter gewesen.[36] Als Konsens der deutschen Forschung wird man die folgende Stellungnahme Ulrich Herberts festhalten können: »Die Zahl der Deutschen, die an dem Mordgeschehen beteiligt waren, geht vielleicht nicht in die Millionen, aber von vielen Zehntausend wird man wohl ausgehen müssen. Und die Männer in den Führungsgruppen des Reichssicherheitshauptamtes, der SS und der Einsatzgruppen, die am ehesten als Kerngruppe des Völkermordes anzusehen sind, entstammten nicht den Outsidern und Randgruppen, sondern der Mitte und den Führungsschichten der deutschen Gesellschaft.«[37]

Lagen die Schätzungen, was die Zahl der Täter anlangt, auch nicht weit auseinander, so erhielt die Analyse der Täter dadurch ihre Brisanz, daß Goldhagen von den Tätern auf die Gesamtheit der deutschen Bevölkerung meinte schließen zu können: »Wie unsere Untersuchung der Rekrutierungsmethoden und ihrer demographischen Struktur ergeben hat, können, ja müssen die Schlußfolgerungen aus dem Handeln der Polizeibataillone und ihrer Angehörigen auf das deutsche Volk insgesamt übertragen werden. Was diese ganz gewöhnlichen Deutschen taten, war auch von anderen ganz gewöhnlichen Deutschen zu erwarten.«[38] Und an anderer Stelle: »Die Schlußfolgerung dieses Buches lautet, daß der Antisemitismus viele Tausende ›gewöhnlicher‹ Deutsche veranlaßte Juden grausam zu ermorden, und daß auch Millionen anderer Deutsche nicht anders gehandelt hätten, wären sie in die entsprechenden Positionen gelangt.«[39] Hier stellt sich ein methodisches Problem: Goldhagen schließt – um es pointiert zu formulieren – aus der »Normalität der Mörder« auf die »Mordbereitschaft oder Mordlust der Normalen«, also »der Deutschen«. Kann man wirklich – so ist gefragt worden – vom Individuum auf das Kollektiv schließen?[40]

2. Umstritten war auch, ob aus dem Verhalten der Täter so direkt auf ihre Motive geschlossen werden kann, wie Goldhagen dies tut. Aus der Grausamkeit des Mordens, das eben nicht auf die fabrikmäßige Tötung in den Vernichtungslagern reduziert werden dürfe, aus dem Stolz der Täter, die sich vor ihren Angehörigen mit ihren Taten brüsteten, schließt Goldhagen auf die Motive der Täter und Mitwisser. Sie mordeten, weil sie – so Goldhagen – Antisemiten waren, weil sie die Juden haßten.[41] Außerdem betont er die Handlungsfreiheit der Täter: Sie hätten sich – so illustriert Goldhagen mit einer Reihe von Beispielen – auch weigern können, an den Mordaktionen mitzuwirken, ohne

---

35 *Raul Hilberg*, Die Vernichtung der europäischen Juden. Die Gesamtgeschichte des Holocaust, Berlin 1982; *ders.*, Täter, Opfer, Zuschauer. Die Vernichtung der Juden 1933–1945, Frankfurt/Main 1992.

36 Siehe z. B. *Raul Hilberg*, Feige Zuschauer, eifrige Komplizen. Die Wehrmacht und der Holocaust, in: Die Zeit, Ausgabe vom 3. 5. 1996.

37 *Ulrich Herbert*, Sind die Deutschen ein mörderisches Volk?, in: Gegen Vergessen Nr. 12, Dezember 1996, S. 9–10.

38 *Goldhagen*, Vollstrecker, S. 471.

39 Ebd., S. 22.

40 *Jörn Rüsen*, Den Holocaust erklären – aber wie?, in: FR, Ausgabe vom 25. 6. 1996.

41 *Goldhagen*, Vollstrecker, S. 285 ff.

daß das für sie schwerwiegende Konsequenzen gehabt hätte.[42] Damit widerspricht Goldhagen explizit den Befunden Brownings, dem er unterstellt, er sei den apologetischen Aussagen der Täter aufgesessen.[43] Browning ging und geht demgegenüber von einem komplexen Geflecht von Motiven aus; danach haben u. a. Enthemmung durch die Kriegserlebnisse, Opportunismus, Fatalismus, Gruppendruck, Gehorsamsneigung bzw. Obrigkeitshörigkeit und Schwäche den Ausschlag dafür gegeben, daß »ganz normale Männer« zu Mördern wurden; der Hinweis auf den Antisemitismus, der in einer solchen Aufzählung der Motive allerdings oftmals fehlte oder zumindest unterbewertet wurde, sei jedenfalls nicht ausreichend, um die Tötungsbereitschaft dieser Männer zu erklären.[44]

3. Wenn auch nicht alle Deutschen zu Tätern wurden, so habe doch die große Mehrheit der Bevölkerung – so Goldhagens These – die Verfolgung und auch die Ermordung der Juden unterstützt oder sie als Mitwisser zumindest gebilligt.[45] Die Täter hätten sich offenbar der Zustimmung, wenn nicht Bewunderung seitens des Publikums sicher sein dürfen[46] – und das mit Recht, wie sich z. B. beim November-Pogrom 1938 gezeigt habe.[47] Auch sei es – anders als in der Frage der »Euthanasie«[48] – nicht zu nennenswerten Protesten oder gar Widerstandsaktionen gegen die Ausgrenzung und Verfolgung der Juden gekommen, die vor aller Augen durchgeführt worden seien. Dem wurde entgegengehalten: Die Gewalttaten gegen die Juden hatten keine massenhafte Unterstützung der Deutschen; es gab keinen »Volkszorn« auf die Juden. Das habe zum einen der November-Pogrom 1938 gezeigt. Und zum anderen müsse man darauf verweisen, daß sich das Regime gezwungen gesehen habe, die Öffentlichkeit bei der Ermordung der Juden so weit wie möglich auszuschließen. Auch durfte über die Maßnahmen der »Endlösung der Judenfrage« weder gesprochen noch geschrieben werden.[49]

Aber betont wurde auch, daß sich die Ausgrenzung und Entrechtung der Juden vor aller Augen vollzog; auch die Deportationen konnten niemandem verborgen bleiben. Und selbst das Morden fand – als Teil der auf Abschreckung und Einschüchterung der Bevölkerung zielenden Besatzungspolitik – vielfach öffentlich statt.[50] Aus dem, was man sah und was man hörte, ergab sich wohl eine »untergründige Kenntnis« von den Gewaltaktionen gegen die Juden, jedoch bei den meisten Deutschen kein Bild der »Gesamtaktionen«.[51] Oder anders ausgedrückt: »Es ist zwar richtig, daß nur wenige alles über die ›Endlösung‹ wußten, aber auch nur sehr wenige wußten gar nichts.«[52] In dem Bemühen, die von Goldhagen vorgenommene Schuldzuweisung an die übergroße Mehrheit »der Deutschen« zu korrigieren oder zu relativieren, wurden – außer dem Hinweis auf die von der Regimespitze beschlossene Geheimhaltung – ein Reihe von »Hilfsargu-

---

42 Ebd., S. 446 ff.

43 Siehe z. B. ebd., S. 443 ff.; S. 563, Anm. 53; S. 617, Anm. 1; S. 624; S. 629–641, bes. Anm. 31 f., u. Anm. 65; S. 641, Anm. 41.

44 *Christopher R. Browning,* Dämonisierung erklärt nichts, in: Die Zeit, Ausgabe vom 19. 4. 1996; vgl. auch *Ulrich Herbert,* Aus der Mitte der Gesellschaft, in: ebd., Ausgabe vom 14. 6. 1996; vgl. auch die Langfassung: *ders.,* Die richtige Frage, in: *Schoeps,* Ein Volk, S. 214–224.

45 *Goldhagen,* Vollstrecker, S. 40, 161, 296, 469.

46 Siehe ebd., S. 296 u. 365 ff.

47 Siehe ebd. S. 132

48 Siehe ebd., S. 489.

49 Vgl. z. B. *Werner Birkenmaier,* Ein ganzes Volk auf der Anklagebank?, in: Stuttgarter Zeitung, Ausgabe vom 17. 4. 1996.; *Peter Glotz,* Nation der Killer?, in: Die Woche, Ausgabe vom 19. 4. 1996; *Alfred de Zayas,* Kein Stoff für Streit. Goldhagens Unfug, Goldhagens Unwissenheit, in: FAZ, Ausgabe vom 12. 6. 1996.

50 Vgl. *Ulrich Herbert,* Volk?, S. 10.

51 *Hans Mommsen,* Schuld der Gleichgültigen, in: SZ, Ausgabe vom 20/21. 7. 1996.

52 *Walter Manoschek,* Der Judenmord als Gemeinschaftsunternehmen, in: Profil, Ausgabe vom 29. 4. 1996, zit. nach: *Schoeps,* Ein Volk, S. 155–159, hier S. 157.

menten« vorgetragen: Goldhagen unterschätze den Druck, den eine Diktatur zu erzeugen vermöge; aus der Abwesenheit von Protestbekundungen dürfe also nicht auf Zustimmung zur Judenverfolgung geschlossen werden. Außerdem seien die Deutschen zu Gehorsam gerade auch gegenüber dem Staat, gegenüber der Obrigkeit erzogen worden. Schließlich solle nicht übersehen werden, daß es dennoch – wenn auch nur von einer kleinen Minderheit – Hilfeleistungen für Juden gegeben habe.[53] Mehrfach wurde in diesem Zusammenhang auf die Tagebücher Victor Klemperers hingewiesen, die doch gezeigt hätten, daß das Bild von der deutschen Bevölkerung als einer einheitlichen Masse von Antisemiten falsch, zumindest zu differenzieren sei.[54]

4. Dieser Punkt ist aufs engste mit der These Goldhagens verbunden, die Bereitschaft, wenn nicht der Wille zur Vernichtung der Juden sei seit dem 19. Jahrhundert tief in der deutschen Gesellschaft verwurzelt gewesen[55]; der Antisemitismus sei in der deutschen Gesellschaft »endemisch«.[56] Für Goldhagen ist die »Endlösung der Judenfrage« das »nationale Projekt« der Deutschen[57], die in ihrer überwiegenden Mehrheit Anhänger eines »eliminatorischen« oder »exterminatorischen Antisemitismus« gewesen seien.[58] Als Belege dienen ihm nicht nur antisemitische Publikationen[59], sondern auch Vielzahl und vor allem Verhalten der Täter – und der Zeugen und Mitwisser. Diese Annahme eines speziellen deutschen, eben »eliminatorischen« Antisemitismus, der überdies die deutsche Geschichte seit dem 19. Jahrhundert durchtränkt habe[60], wurde in einer Vielzahl von Rezensionen in Zweifel gezogen, so daß hier auf Einzelnachweise verzichtet werden soll, zumal sich die folgenden Punkte mit einzelnen Facetten dieses Problems befassen.

5. Verantwortlich für die bisher angesprochenen Kritikpunkte seien – so wurde in einer ganzen Reihe von Stellungnahmen bemängelt – methodische Defizite, die insgesamt darauf zurückzuführen seien, daß Goldhagen allein Deutschland und die Deutschen sowie deren Verhältnis wiederum nur zu den Juden in den Blick nehme, aber Urteile fälle, die erst nach einem Vergleich mit der Situation in anderen Ländern sowie mit anderen Opfergruppen sinnvoll begründet werden könnten.[61] Goldhagen beschränke sich auf eine Analyse des deutschen Antisemitismus; dem könne ein spezieller »eliminatorischer« Charakter aber nur dann zugesprochen werden, wenn man ihn mit den Antisemitismen anderer Völker verglichen habe.[62] Außerdem berücksichtige er nicht ausreichend, daß »die Deutschen« nicht-deutsche Mittäter gehabt hätten.[63] Wie aber sei die Mordbereitschaft von Letten, Litauern, Kroaten und Ukrainern, wie die Mitwirkung von Franzosen und Holländern bei den Deportationen der Juden zu erklären, wenn doch das Motiv des Massenmords an den Juden der spezifisch deutsche, eben der »eliminatorische« Antisemitismus sei?[64] Der Antisemitismus – so wurde betont – war keineswegs auf Deutschland be-

53 Siehe z. B. *Birkenmaier.* Das erwähnt übrigens auch *Goldhagen,* Vollstrecker, S. 155.

54 Siehe *Frei*; vgl. auch *Joachim Käppner,* Reise in die Nacht, in: Das Sonntagsblatt, Ausgabe vom 19. 4. 1996.

55 *Goldhagen,* Vollstrecker, z. B. S. 78, 83, 92, 94.

56 Ebd., S. 69.

57 Siehe z. B. ebd., S. 474, 513; S. 488 ist von einem »nationalen Unternehmen« die Rede.

58 Siehe z. B. ebd., S. 490 f., 501.

59 Siehe ebd., S. 88 u. 96.

60 Siehe ebd., S. 48, 83.

61 Vgl. z. B. *Joffe*; *Hans-Ulrich Wehler,* Wie ein Stachel im Fleisch, in: Die Zeit, Ausgabe vom 24. 5. 1996; vgl. auch die längere Fassung in: *Schoeps,* Ein Volk, S. 193–209.

62 Vgl. z. B. ebd.

63 *Goldhagen,* Vollstrecker, S. 185 werden die »Mittäter« zwar erwähnt, ohne daß daraus aber Schlüsse für die Argumentation gezogen werden.

64 Siehe z. B. *Joffe*; *Michael Wolffsohn,* »Die Deutschen« – ein Volk von willigen Judenmördern?, in: Berliner Morgenpost, Ausgabe vom 24. 4. 1996, zit. nach *Schoeps,* Ein Volk, S. 130–134, hier S. 133; *Manoschek,* S. 158;

schränkt. Das könne zwar »keinen deutschen Täter entlasten« und auch die »deutsche Haftung [nicht] verringern, aber es gehört zur historischen Wahrheit und eben zum Problem, das Goldhagen zu lösen vorgibt: Weshalb waren Menschen zu diesen Mordtaten bereit? Wie konnte man Täter werden?«[65]

Auch schaue Goldhagen nur auf die Verbrechen an den Juden, übersehe dabei aber den Mord an den Sinti und Roma, an Behinderten, auch die Verbrechen an den übrigen Insassen der Konzentrationslager sowie an den Kriegsgefangenen, vor allem an Polen und Russen.[66] Bestritten wurde zudem, daß der Judenmord, im Gegensatz zur Ermordung der Sinti und Roma, mit besonderer Grausamkeit durchgeführt worden sei.[67] Vielmehr wurde betont, daß der Antisemitismus als Teil der nationalsozialistischen Rassen-Ideologie betrachtet werden müsse, nach der – von der Höherwertigkeit der arisch-germanischen Rasse ausgehend – alle »Minderwertigen« auszurotten seien.[68] Derartige Hinweise wurden vereinzelt dazu benutzt, aktuelle politische Befürchtungen auszudrücken: So könne die Argumentation Goldhagens den antideutschen Stimmungen in Israel Auftrieb geben und die in Israel ohnehin zu beobachtende Tendenz verstärken, die nicht-jüdischen Opfer der nationalsozialistischen Rassenpolitik zu marginalisieren – eine Tendenz, die der Instrumentalisierung des Holocaust durch die israelische Politik diene.[69]

6. Außerdem habe Goldhagen – so wurde angemerkt – all die Entwicklungslinien und Ereignisse ausgespart, die seinem Bild von »den Deutschen« als den Anhängern eines »eliminatorischen« Antisemitismus widersprechen könnten. So fehle ein Hinweis auf die fortgeschrittene Emanzipation der Juden, überhaupt auf die Assimilation der deutschen Juden im 19. Jahrhundert[70]; nur dieser Prozeß mache doch verständlich, daß zahlreiche Juden nach der nationalsozialistischen Machtübernahme nicht damit gerechnet hätten, daß sich ihre Lage wirklich lebensbedrohlich zuspitzen könne. Auch zeichne Goldhagen ein viel zu einseitiges Bild der deutschen Geschichte, speziell des 19. Jahrhunderts. Natürlich habe es einen weit verbreiteten Antisemitismus gegeben; aber man dürfe doch nicht die gesellschaftliche und politische Realität außer Acht lassen, zu der eben auch zahlreiche Juden in angesehener Stellung – von der Wissenschaft über die Kunst bis zur Politik – gehörten. Und außerdem dürfe nicht der Eindruck erweckt werden, als habe es ausschließlich antisemitische oder antisemitisch-durchsetzte politische Bewegungen gegeben. Immerhin wuchs im Kaiserreich mit der Sozialdemokratie eine Bewegung heran, die sich ausdrücklich als Gegnerin des Antisemitismus profilierte.[71] Aus Goldhagens Argumentation ergebe sich ein Geschichtsdeterminismus, so als führe ein gerader, ja zwingender Weg vom Antisemitismus des 19. Jahrhunderts zur »Endlösung der Judenfrage«.[72]

Die Frage, die sich stelle, sei jedoch vielmehr die: Warum schlug der im 19. Jahrhundert in zahlreichen Ländern zu beobachtende Antisemitismus in Deutschland zum Judenmord um? Um diese Frage hinreichend beantworten zu können, hätten eine ganze Reihe von Bedingungsfaktoren in den Blick genommen werden müssen – von der Er-

---

65 *Wolffsohn*, S. 133.

66 *Manoschek*, S. 158.

67 *Browning*, Dämonisierung.

68 *Wehler*, Wie ein Stachel.

69 Siehe *Joseph Croitorou*, Gegen Kitsch und Kommerz. Israelische Reaktionen auf Daniel Goldhagens Buch »Hitlers willige Vollstrecker«, in: FAZ, Ausgabe vom 9. 8. 1996.

70 *Schirrmacher*, Hitlers Code.

71 *Goldhagen*, Vollstrecker, S. 98 u. 100, konzediert allenfalls, in der SPD habe es Ausnahmen vom ansonsten vorherrschenden Antisemitismus gegeben.

72 Vgl. *Frei* u. bes. *Birkenmaier*.

fahrung und den Folgen des Ersten Weltkriegs[73] über die Geschichte der Weimarer Republik[74] bis zum Alltag im »Dritten Reich«, dem Leben in der Diktatur.[75]

8. Eng mit dem eben beschriebenen Problemkreis verbunden ist die Frage, ob die Vernichtung der Juden von langer Hand vorbereitet war, ob man also die Ankündigungen der Vernichtung – z. B. in Hitlers »Mein Kampf« – als konkretes »Programm« oder eher als »Metapher« für eine noch situationsabhängig zu formulierende Politik verstehen kann oder muß. Goldhagen interpretiert die »Endlösung der Judenfrage« als zwingende Folge des deutschen »eliminatorischen« Antisemitismus des 19. Jahrhunderts, der in entsprechenden Ankündigungen und Drohungen der Nationalsozialisten konkretisiert und schließlich in die Tat umgesetzt worden sei.[76] Demgemäß ließe sich Goldhagen den »Intentionalisten« zuordnen, deren Interpretationsansatz jedoch in den letzten Jahren von den »Funktionalisten« oder »Strukturalisten« in den Hintergrund gedrängt worden ist. Für letztere – vertreten vor allem von Hans Mommsen – steht der Mord an den europäischen Juden am Ende eines Prozesses der »kumulativen Radikalisierung« der 1930er Jahre, in dem es radikalisierten Randgruppen gelang, öffentliches Klima und staatliches Handeln zu bestimmen. Diese Argumentation, konsequent weitergedacht, führt dazu, Hitler schließlich als Gefangenen seiner eigenen Ankündigungen darzustellen, durch die er sich und die nationalsozialistische Politik in Zugzwang gebracht habe.[77]

9. Irritierend, wenn nicht verstörend wirkte vor allem die von Goldhagen aufgeworfene Frage, ob der Ausbruch manifester Gewalt bis hin zum Massenmord ein ausschließlich deutsches Problem sei. Goldhagen geht in seiner Studie durch die Gegenüberstellung von »wir«, »den Bürgern der westlichen Demokratien«, den Kindern der Aufklärung einerseits und »den Deutschen« andererseits offenbar von dieser Annahme aus.[78] Daß gerade diese These Widerspruch hervorgerufen hat, ist gewiß nicht verwunderlich.[79] Wer verbirgt sich hinter dem Begriff »wir«? Was unterscheidet die solchermaßen zur in-group Ernannten von »den Deutschen«?[80]

Letztlich – diese These durchzieht das gesamte Buch – unterscheiden sich »die Deutschen« von den anderen durch den ihnen eigenen »eliminatorischen« Antisemitismus, der – wie oben zitiert – selbst in Phasen, in denen es keine Belege für seine Existenz gebe, latent vorhanden sei. In derartigen Aussagen lag ein gut Teil des Sprengstoffs, den die Kritiker in Goldhagens Buch denn auch sehr rasch entdeckten. Goldhagens Argumentation wurde zum einen als Wiederbelebung der »Kollektivschuld«-These gebrandmarkt: »Was der junge Harvard-Dozent großspurig als ›Revision‹ ankündigt, ist nichts anderes als die Auferstehung einer wissenschaftlichen Leiche, die längst zu Staub zerfallen schien: die These von der Kollektivschuld aller Deutschen an der Vernichtung der europäischen Juden im Zweiten Weltkrieg.«[81] Und ähnlich hieß es im »Spiegel«: »Ein Volk muß büßen – diese Nazi-These von der kollektiven Schuld der Juden kehrten die Sieger 1945 vorübergehend gegen die Deutschen. US-Wissenschaftler Daniel Goldhagen hat sie wie-

73 Siehe *Schirrmacher,* Hitlers Code.

74 Siehe *Uwe Soukup,* Das Holocaust-Personal, in: Junge Welt, Ausgabe vom 17. 4. 1996.

75 Siehe *Schirrmacher,* Hitlers Code.

76 *Goldhagen,* Vollstrecker, S. 199 und S. 604, Anm. 92.

77 Siehe *Hans Mommsen,* Gespräch: »Hitlers Rolle neu bewerten«, in: Die Woche, Ausgabe vom 15. 11. 1996; Hans Mommsen antwortet seinen Kritikern, in: Die Woche, Ausgabe vom 13. 12. 1996.

78 *Goldhagen,* Vollstrecker, z. B. S. 45, 50, 66 f.

79 Vgl. z. B. *Frei*; *Wehler,* Wie ein Stachel.

80 Vgl. *Rüsen.*

81 *Frank Ebbinghaus,* Warum ganz normale Männer zu Tätern wurden, in: Die Welt, Ausgabe vom 27. 4. 1996, zit. nach: *Schoeps*, Ein Volk, S. 140–146, hier S. 140.

derbelebt.«[82] Und zum anderen wurde kritisiert, daß Goldhagen – obwohl er in seiner Arbeit darauf hingewiesen habe, daß es keinen »zeitlosen deutschen Charakter« gebe[83] – dennoch mit dem Gesamtduktus seiner Argumentation eben diese Annahme nahelege. Letztlich führe die Argumentation Goldhagens zu einer »Diabolisierung« der Deutschen und zugleich zu einer »Ethnisierung« der Debatte über den Nationalsozialismus.[84] Demgegenüber wurde betont: Eine »mythologische und quasi rassistische Definition des Begriffs der ›Deutschen‹« sei »wissenschaftlich und moralisch nicht zu akzeptieren«.[85]

Überhaupt ist – wenn es um die Charakterisierung der Position Goldhagens geht – oftmals von »Mythos« die Rede: Goldhagen betreibe – so schon Frank Schirrmacher – eine »Remythisierung des Holocaust«. Nach der Ansicht Moshe Zimmermanns verbreite er »Mythologisierungen«. Und Gertrud Koch kritisierte, Goldhagen biete wohl eine »mythische Erklärung, die zu schnell begreifbar ist«.[86] So recht wurde allerdings nicht deutlich, was der Begriff des »Mythos« in diesem Zusammenhang bedeutete. Nur so viel ist klar: Goldhagens Argumentation wurde durch dieses Etikett in eine Gegenposition zu der den Vertretern der Fachwissenschaft zugeschriebenen wissenschaftlichen Sachlichkeit gerückt, die indessen keineswegs uneingeschränkt positiv bewertet wurde. Vielmehr wurde schon frühzeitig – kurz nach Beginn der Debatte in Deutschland – erkannt: Mit seiner These »befriedigt Goldhagen das Bedürfnis nach einer moralisch induzierten Erklärung des größten Verbrechens der Menschheitsgeschichte – und trifft damit einen Schwachpunkt der etablierten NS-Forschung: Ihre moralische Indifferenz.«[87] Die Konsequenzen dieser Gegenüberstellung zeigten sich im übrigen in der Kluft zwischen Podium und Publikum, die die Diskussionsveranstaltungen Anfang September 1996 prägte.

Wie immer man den Grundzug der Argumentation Goldhagens auch charakterisiert, so viel ist deutlich: Vor allem seine Identifizierung von »antisemitisch« und »deutsch« war und ist es wohl, die die Debatte in Deutschland politisch-emotional aufgeladen hat; denn damit wird die Frage aufgeworfen: Wenn alle Deutschen sozusagen ererbte Antisemiten waren – dann sind sie es (vielleicht) auch heute noch? Die aktuell-politischen Konsequenzen dieser These zieht Goldhagen im übrigen selbst, wenn auch in einer Fußnote versteckt: Er wolle nicht behaupten, »daß der Antisemitismus in der Bundesrepublik nicht weitgehend verschwunden ist oder sich nicht verändert hätte – auch wenn Deutschland noch immer vom Antisemitismus infiziert ist«.[88] Diese Vermutung, so wurde Goldhagens Buch vielfach verstanden, werde von ihm nicht ausdrücklich belegt, aber durch den Gang der Argumentation insinuiert.[89] Die Botschaft Goldhagens sei – so erschien es manchem Beobachter – demgemäß: Der Weg Deutschlands ins 21. Jahr-

---

82 Ein Volk von Dämonen?, in: Der Spiegel, Ausgabe vom 20. 5. 1996, S. 48–77, hier S. 77. Siehe dazu die kritischen Stellungnahmen von *Tjark Kunstreich,* Augsteins willige Spießgesellen, sowie *Rayk Wieland,* Heil Spiegel!, beide in: Junge Welt, Ausgabe vom 23. 5. 1996.

83 Siehe *Goldhagen,* Hitler's Willing Executioners, S. 582, Fußnote 38, nach *Moshe Zimmermann,* Die Fußnote als Alibi, in: Neue Zürcher Zeitung, Ausgabe vom 29. 4. 1996, zit. nach *Schoeps,* Ein Volk, S. 147–154, hier S. 153. Vgl. auch *Wehler,* Wie ein Stachel. In der deutschen Fassung (*Goldhagen,* Vollstrecker, S. 667, Anm. 38), betont Goldhagen, daß seine Argumentation nicht heißen solle, daß es einen »überzeitlichen Charakter der Deutschen« gebe.

84 Siehe *Wehler*, Wie ein Stachel.

85 *Zimmermann,* Fußnote, S. 153.

86 Siehe *Schirrmacher,* Hitlers Code; *Zimmermann,* Fußnote, S. 147; *Gertrud Koch,* Eine Welt aus Willen und Vorstellung, in: FR, Ausgabe vom 30. 4./1. 5. 1996.

87 *Ebbinghaus,* S. 141.

88 *Goldhagen,* Vollstrecker, S. 679, Anm. 54. Ganz anders hingegen: *ders.,* Modell Bundesrepublik Deutschland. Nationalgeschichte, Demokratie und Internationalisierung in Deutschland, in: Blätter für deutsche und internationale Politik 42, 1997, S. 424–443.

89 Siehe z. B. *Joffe.*

hundert könne nur »mit Skepsis und Furcht« betrachtet werden.[90] Und als politische Funktion seiner Argumentation wurde erkannt: »Mehr als ein halbes Jahrhundert nach Hitlers Tod und nach der Wende von 1989/90, die an den Ergebnissen des Zweiten Weltkrieges rüttelte, sah es endlich so aus, als habe die Geschichte die Deutschen vom Schicksal des Sisyphos erlöst. Goldhagen hat sich alle Mühe gegeben, sie in die Verdammnis zurückzustoßen.«[91]

Das wurde offenbar als um so ungerechter empfunden, als es sich hier um ein »Menschheitsproblem« handelte: »Goldhagens Spekulationen über die mörderische deutsche Seele [erweisen sich] ihrerseits als rassistisch.« Und weiter: »So nüchtern wie möglich gesagt: Der Pamphletist Daniel Goldhagen lädt bei den Deutschen ein Problem ab, das leider Gottes menschheitliche Dimension hat.«[92] Ähnlich betonte Peter Glotz: »Völkermord ist das normale Werk normaler Leute.« Er sei »keine deutsche Krankheit«.[93] Gewiß setzen sich derartige Formulierungen rasch dem Verdacht aus, damit solle eine »Entschuldung« Deutschlands geleistet werden. Bevor es nicht – das Buch Goldhagens mag dies anstoßen – eine vergleichende Genozid-Forschung gibt, wird man denn auch das Problem kaum anders als in Frageform ansprechen können: Ist nicht angesichts der immer wieder aufbrechenden Gewalt zu befürchten, daß die »Endlösung der Judenfrage« – trotz ihrer Singularität – *auch* als ein Beispiel für die Brüchigkeit der Decke aufgeklärter Humanität zu interpretieren ist, unter der in zivilisiert scheinenden modernen Gesellschaften Terror und Gewaltbereitschaft lauern? Eben weil dieser Punkt in der Debatte eine so große Rolle spielte, sah sich Goldhagen genötigt, hier eine Präzisierung nachzureichen. Anders als es sein erster Artikel in der »Zeit« vermuten läßt[94], betonte er in einem »Offenen Brief«, der am 7. Mai 1996 im »Börsenblatt« veröffentlicht wurde, er sei kein Anhänger der »Kollektivschuld«-These.[95] Um seine Position nochmals deutlich zu machen, stellte er klar, daß er indessen darauf beharre, daß es ohne Hitler und den Nationalsozialismus keinen Holocaust hätte geben können und daß das Motiv im Antisemitismus zu suchen sei.

10. Nur am Rande sei auf eine besondere Argumentationsfigur in der kritischen Auseinandersetzung mit den Thesen Goldhagens hingewiesen: In einzelnen Beiträgen wurden Befürchtungen über die Folgen des Goldhagen-Buches geäußert, die dem erklärten und allgemein zu begrüßenden Ziel des Buches geradezu zuwiderliefen. Gerade die Schwächen und Einseitigkeiten der Argumentation Goldhagens schienen manch einem Beobachter die Gefahr zu bergen, »daß das erstarkende nationale Lager immer plausiblere Argumente zugespielt bekommt«.[96] Auch wurde befürchtet, das Buch könne einen neuen Antisemitismus heraufbeschwören; und im übrigen könne es womöglich die Bereitschaft blockieren, sich überhaupt mit der Geschichte des Holocaust zu befassen.[97] Auf einer ähnlichen Argumentationslinie lag die Frage Sigrid Löfflers: »Unklar ist, wem das neueste amerikanische Holocaust-Buch nützen soll. Klar ist, wem es schaden wird – vor allem der Sache der Aufklärung.« Beunruhigen müsse an den Thesen Goldhagens, »daß sie we-

---

90 Siehe *Schirrmacher,* Hitlers Code.

91 Siehe *Jost Nolte,* Sisyphos ist Deutscher, in: Die Welt, Ausgabe vom 16. 4. 1996, zit. nach *Schoeps,* Ein Volk, S. 110–113, hier S. 112 f.

92 *Nolte*; zu diesem Argument mit kritischem Unterton schon *Ullrich,* Hitlers willige Mordgesellen.

93 *Glotz.*

94 Der Untertitel lautete: Warum die Deutschen als Kollektiv schuldig wurden.

95 Auch im Vorwort der deutschen Ausgabe seines Buches (*Goldhagen*, Vollstrecker, S. 11) lehnt er die »Kollektivschuld«-These ab.

96 *Glotz.*

97 *Marion Gräfin Dönhoff,* Mit fragwürdiger Methode. Warum das Buch in die Irre führt, in: Die Zeit, Ausgabe vom 6. 9. 1996; kritisch dazu: *Richard Chaim Schneider,* Deutsches Unglück. »Die Zeit« warnt die Juden, in: SZ, Ausgabe vom 12. 9. 1996.

gen ihrer unannehmbaren Überspitztheit nicht nur berechtigten Widerspruch erregen werden. Zu fürchten ist, daß dieses Buch den Holocaust-Leugnern und heutigen Antisemiten die falschen Argumente liefern und Wasser auf ihre Mühlen leiten wird.«[98] Nur am Rande sei gefragt, ob es für diese denn auch »richtige Argumente« gebe.

Soweit die zentralen Punkte der Kontroverse. Es wäre jedoch falsch, wenn hier der Eindruck entstünde, die Arbeit Goldhagens sei im Frühjahr 1996 auf eine geradezu einhellige Kritik seitens der deutschen Presse gestoßen. Gewiß gab es eine – vielfach politisch motivierte – grundsätzliche Ablehnung; unübersehbar waren auch die Versuche, dem Autor durch die Charakterisierung als »jung«, als »Assistenz-Professor« und vor allem als Sohn eines Holocaust-Überlebenden wissenschaftliche Reputation und vor allem Unabhängigkeit abzusprechen.[99] Mögen die Angaben zu Alter und Beruf noch als Teil eines eben auch personalisierten Informationsinteresses gelten können, so kann man sich im Hinblick auf die Hinweise zur jüdischen Herkunft sowie zur Rolle des Vaters des Eindrucks kaum erwehren, als solle damit die »Unbefangenheit« und wissenschaftliche Leistung Goldhagens in Frage gestellt und letztlich diskreditiert werden. Parallel dazu entwickelte sich indessen eine gelassene sowie durchaus ernsthaft-wohlwollende Auseinandersetzung mit dem Buch Goldhagens. Vor allem zu nennen sind hier mehrere seit April 1996 von der »Zeit« publizierte Arbeiten. Zwar wurden auch hier die Schwächen und Einseitigkeiten der Argumentation Goldhagens herausgearbeitet; doch dies führte nicht zu einem totalen Verriß. So betonte Hans-Ulrich Wehler sowohl die Berechtigung als auch die Notwendigkeit, Verhalten und Motive der Täter und auch die Geschichte des Antisemitismus genauer zu untersuchen; auch seien unsere Kenntnisse über die Einsatzgruppen, über die Arbeitslager und auch die Todesmärsche keineswegs so umfangreich, daß weitere Arbeiten als überflüssig eingestuft werden könnten.[100] In einer Reihe von weiteren Artikeln wurde die grundsätzliche Berechtigung betont, die Frage nach den Motiven der Täter in den Mittelpunkt der Analyse zu stellen. So dürfe nicht übersehen werden, daß Goldhagen – so könnte man den Tenor dieser Beiträge zusammenfassen – ebenso richtige wie wichtige Fragen stelle, auch wenn die von ihm gegebenen Antworten eindimensional und damit unzureichend seien. Sein Verdienst sei es, die Frage nach dem Ausmaß des Antisemitismus wieder stärker ins Bewußtsein gehoben zu haben.[101] Goldhagens Buch biete also – trotz seiner Defizite – eine Herausforderung, die Mentalitätsgeschichte des Antisemitismus stärker ins Blickfeld zu rücken.[102]

Es fragt sich, ob Goldhagen mit seinem Resüme, das er in der »Zeit« vom 2. August 1996 zog, wirklich den Stand der Debatte angemessen reflektierte. Vielmehr kann auch rückblickend der Eindruck entstehen, daß nicht nur die pauschalen Angriffe, sondern auch die Kritik an seinem methodischen Zugriff, an der Hermetik und Eindimensionalität seiner Argumentation, die vielfach Züge von Selbst-Immunisierung zeigt, an ihm abprallte. Mit derselben Arroganz, ja Selbstgerechtigkeit, mit der er in seinem Buch die bisherige Holocaust-Forschung beiseite geschoben hatte, reagierte er auch auf die Kritik, der er vorwarf, versagt zu haben.[103] Daß dieser Vorwurf alsbald an Goldhagens

---

98 *Sigrid Löffler,* Willige Vollstrecker, in: Die Presse, Ausgabe vom 20. 4. 1996.

99 Am deutlichsten: Henrik M. Broder über Goldhagen, Vater und Sohn, in: Der Spiegel, Ausgabe vom 20. 5. 1996, S. 58 f.; siehe dazu *Andrei S. Markovits,* Über das Unbehagen der Deutschen, in: FR, Ausgabe vom 15. 6. 1996; Langfassung: *ders.,* Störfall im Endlager der Geschichte. Daniel Goldhagen und seine deutschen Kritiker, in: *Schoeps,* Ein Volk, S. 228–240.

100 Siehe *Wehler,* Wie ein Stachel.

101 Siehe z. B. *Herbert,* Mitte; vgl. auch *Julius H. Schoeps,* Vom Rufmord zum Massenmord. Die Nazis mußten den Vernichtungsantisemitismus nicht erfinden: Warum Goldhagens Thesen eine Diskussion wert sind, in: Die Zeit, Ausgabe vom 26. 4. 1996.

102 Siehe *Ingrid Gilcher-Holtey,* Die Mentalität der Täter, in: Die Zeit, Ausgabe vom 7. 6. 1996.

103 *Daniel J. Goldhagen,* Das Versagen der Kritiker, in: ebd., Ausgabe vom 2. 8. 1996.

Adresse – »Nicht die Kritiker, der Kritisierte hat versagt« – zurückgegeben wurde, deutet auf die Verhärtung der Fronten hin; der wissenschaftliche Ertrag der Debatte werde, so wurde prophezeit, als gering einzustufen sein.[104]

Angesichts der geringen Neigung Goldhagens, sich mit den Kritikpunkten wirklich produktiv auseinanderzusetzen, konnte für die Diskussionsveranstaltungen, die aus Anlaß des Erscheinens der deutschen Ausgabe seines Buches geplant waren, keine allzu fruchtbare Debatte erwartet werden. Die Argumente waren vor dem Erscheinen der deutschen Ausgabe des Buches Goldhagens längst ausgetauscht; die möglichen Diskutanten für die in Aussicht genommenen Podiumsdiskussionen – mit und ohne Beteiligung Goldhagens – hatten ihre Argumente längst vorgetragen. Diejenigen, die der Arbeit Goldhagens – bei aller Detail-Kritik – grundsätzlich positiv gegenüberstanden, waren erkennbar in der Minderheit. Zu nennen sind – neben den bereits erwähnten »Zeit«-Beiträgen von Hans-Ulrich Wehler, Ingrid Gilcher-Holtey und Ulrich Herbert – die Stellungnahme von Jan Philipp Reemtsma, der das Buch Goldhagens als »eine notwendige Provokation« begrüßte.[105] Und auch Robert Leicht bezeichnete den von ›seiner‹ Zeitung initiierten Streit als lohnend; Goldhagen habe gezeigt, daß sich die Geschichte des Holocaust – anders als dies z. B. Hans Mommsen gefordert habe – nicht »nüchtern aufarbeiten« lasse; gewiß habe er kein wissenschaftliches, sondern ein moralisches Buch geschrieben – weswegen es im Detail falsch, aber dennoch politisch wirksam sein könne.[106] Nur am Rande sei erwähnt, daß in derselben Nummer der »Zeit« Marion Gräfin Dönhoff ihre politischen Vorbehalte gegen Goldhagens Buch geltend machte.[107]

Die Differenz zwischen dem von den Fachvertretern angestrebten kühl-sachlichen und rationalen Umgang mit der Geschichte des Holocaust einerseits und der moralischen Verurteilung der Täter andererseits prägte auch die Diskussionsveranstaltungen. Anfang September 1996 häuften sich die Podiumsdiskussionen und Fernseh-Debatten, von denen nur eine kleine Auswahl hier genannt sei: Am 4. September 1996 veranstaltete die Friedrich-Ebert-Stiftung zusammen mit der Deutsch-Israelischen Gesellschaft (Arbeitsgemeinschaft Bonn) eine Diskussionsveranstaltung unter dem Titel »Die Deutschen – ein Volk von Tätern?«; nach einem Vortrag von Hans Mommsen diskutierten – moderiert von Freimut Duve – Ignatz Bubis, Jane Caplan, Frank Schirrmacher und Raul Teitelbaum den bisherigen Verlauf der »Goldhagen-Debatte«.[108] Am selben Tag übertrug der NDR den Zusammenschnitt einer Diskussion in den Hamburger Kammerspielen, an der – unter der Moderation Robert Leichts – außer Goldhagen Götz Aly, Hannes Heer, Jan Philipp Reemtsma und Reinhard Rürup teilnahmen. Am 5. September trafen die Diskutanten – u. a. Bubis, Goldhagen und Mommsen – in einer von der ARD ausgestrahlten Debatte aufeinander. Insgesamt absolvierte Goldhagen in diesen Tagen ein überaus gedrängtes Veranstaltungsprogramm, das ihn u. a. nach Hamburg, Berlin, München und Frankfurt/Main führte. Dabei erwies er sich als ausgesprochener Publikums-Magnet. Die Erwartungen der Veranstalter wurden, was die Zahl der Zuhörer und -hörerinnen anlangte, jeweils bei weitem übertroffen: Hunderte, auch Tausende drängten sich in den Sälen.

---

104 *Johannes Heil,* Nicht die Kritiker, der Kritisierte hat versagt, in: SZ, Ausgabe vom 19. 8. 1996.

105 Siehe *Jan Philipp Reemtsma,* Die Mörder waren unter uns, in: SZ, Ausgabe vom 24/25. 8. 1996.

106 *Robert Leicht,* Ein Urteil, kein Gutachten. Warum der Streit um die Studie sich lohnt, in: Die Zeit vom 6. 9. 1996.

107 Siehe *Dönhoff.*

108 *Dieter Dowe* (Hrsg.), Die Deutschen – ein Volk von Tätern? Zur historisch-politischen Debatte um das Buch von Daniel Jonah Goldhagen »Hitlers willige Vollstrecker. Ganz gewöhnliche Deutsche und der Holocaust«, Bonn 1996.

In der Berichterstattung wurde vielfach hervorgehoben, daß auf dem Podium – in der direkten Auseinandersetzung mit Goldhagen – zwar die Fachwissenschaftler wie Jürgen Kocka und Hans Mommsen mit ihren methodischen Einwänden und ihren Detailkenntnissen ›nach Punkten‹ gesiegt hätten und daß Goldhagen manche seiner Überspitzungen habe revidieren müssen; daß beim Publikum aber die Thesen Goldhagens auf breiteste Zustimmung getroffen seien. Die Zuhörer, die zumeist nicht das Buch, wohl aber die zum Teil scharfen Kritiken in der deutschen Presse kannten, zeigten sich offenbar von dem moralischen Anspruch Goldhagens beeindruckt. Und da Goldhagen oftmals die ihm vorgehaltenen Pauschalurteile über »die Deutschen« bestritt, seine Position immer wieder geduldig und freundlich erläuterte, hätten – so der Eindruck mancher Berichterstatter – die Kritiker sozusagen mit leeren Händen dagestanden: Sie hätten beim Publikum den Eindruck erweckt, sie würden auf eine im Grunde moralisch einwandfreie und vernünftige Argumentation völlig überzogen reagieren.[109] Goldhagen sei – so wurde berichtet – von der Gunst des Publikums getragen worden.[110] Je härter Goldhagen von seinen Kritikern attackiert worden sei, desto stärker habe das Publikum – z. B. bei einer Veranstaltung in Berlin – für ihn Partei ergriffen. Mit seinem Beharren auf der individuellen Verantwortung der Täter sprach Goldhagen – so vermutete Volker Ullrich – die Gefühle der Menschen im Publikum offenbar weit eher an als Hans Mommsen und Jürgen Kocka, die nach komplexen Strukturen und Systembedingungen fragten – »und dies in einer Sprache, die den Opfern gleichsam noch einmal die Rolle des Objekts zuweist«. Ähnlich sei auch die Podiumsdiskussion in Frankfurt/Main verlaufen: Die Zustimmungsbereitschaft des Publikums zu den Thesen Goldhagens sei gerade deshalb so groß gewesen, weil es als eine Art von Befreiung empfunden wurde, daß Goldhagen die Unterscheidung von »Nazis« und »normalen Deutschen« eingeebnet habe.[111]

Das große Interesse des Publikums belegte ein weit verbreitetes Bedürfnis, sich erneut mit dem Thema »Holocaust« auseinanderzusetzen. Das kann zum einen auf Ereignisse der jüngeren Vergangenheit – ausländerfeindliche Ausschreitungen und Gewalttaten – zurückzuführen sein; auch die Bemühungen, die deutsche Politik – deutlich z. B. an Beschlüssen zum Auslandseinsatz der Bundeswehr – zu ›normalisieren‹, mögen bei manchem den Wunsch geweckt haben, den zumindest von einem großen Teil der Öffentlichkeit getragenen historisch-politischen Grundkonsens der Bundesrepublik Deutschland zu bewahren und zu bekräftigen; dieser Konsens beruht auf der kritischen Auseinandersetzung mit dem Nationalsozialismus, als deren Konsequenz das Engagement für eine ebenso tolerante wie friedfertige Innen- und Außenpolitik gelten kann.

Die Zustimmungsbereitschaft zu den Thesen Goldhagens, die sich in weiten Teilen des Publikums zeigte, deutete aber auch auf Defizite der historischen Forschung hin: Eben die Suche nach systemischen und strukturellen Bedingungen sowie die abstrakt-nüchterne Formulierung der Forschungsergebnisse konnten das Bedürfnis eines Teils der Öffentlichkeit nicht befriedigen, die Täter und ihre Motive beim Namen zu nennen sowie das Leiden der Opfer nachzuzeichnen. Es wäre zu einfach, wollte man den Massenerfolg des Buchs Goldhagens auf die Schlichtheit seiner Thesen zurückführen; auch der Hinweis, daß Goldhagen sich in seiner Darstellung der Ästhetik der Medien bediene, um individuelle Betroffenheit zu erzielen, vermag den Erfolg wohl nur zum Teil zu erklären. Die Zustimmung, die seine Thesen beim Publikum der Diskussionsveranstaltungen erfahren haben, beruhte wohl auch und vor allem darauf, daß er Täter und Opfer in den Blick nimmt und damit ein Geschichtsbild transportiert, das die Frage nach

109 Siehe z. B. *Evelyn Roll*, Eine These und drei gebrochene Tabus, in: SZ, Ausgabe vom 9. 9. 1996.
110 *Elisabeth Bauschmid*, Der Rächer hat Charme, in: SZ, Ausgabe vom 12. 9. 1996.
111 *Volker Ullrich*, Goldhagen und die Deutschen, in: Die Zeit, Ausgabe vom 13. 9. 1996.

Leid und Qual sowie – entgegen seinen eigenen Ankündigungen[112] – nach Verantwortung und Schuld des Individuums ins Zentrum der Darstellung rückt.

Nicht vergessen sei, daß die Zuhörerschaft der Diskussionsveranstaltungen gewiß keinen repräsentativen Querschnitt durch die deutsche Bevölkerung darstellte, so daß es allzu voreilig wäre, aus der vielfach spürbaren Zustimmung zu den Thesen Goldhagens auf eine breite »Massenstimmung« zu schließen (wenn es eine solche in dieser Angelegenheit überhaupt gibt). Zu überprüfen ist, ob sich in der Differenz zwischen fachwissenschaftlicher Kritik und Publikums-Zustimmung auch eine Generationsdifferenz zeigt.[113] Zwar leistet »die« Geschichtswissenschaft eine kontinuierliche Auseinandersetzung mit dem Holocaust, doch erreicht diese nur einen sehr begrenzten Teil der durch Medien vermittelten Öffentlichkeit. Die Mobilisierung eines breiten Publikums ist indessen den »Medienereignissen« vorbehalten, deren Kennzeichen gerade ihre punktuelle Wirkung ist. Nach einer gewissen Zeit gilt – teils wegen der Überlagerung durch neuere Erlebnisse, teils allein durch das Nachwachsen der Generationen – die Beschäftigung mit dem Holocaust wieder als »neu«.

III. Die Bedeutung der Debatte für die wissenschaftliche Forschung und die politische Kultur

Ziehen wir zum Schluß eine (Zwischen-)Bilanz[114] der Debatte. Zunächst einmal: Auch wenn es seit Jahrzehnten Forschungen zum Holocaust gibt, so ist – selbst wenn man manchmal zu Beginn der Debatte diesen Eindruck bekommen konnte – keinesfalls die grundsätzliche Berechtigung zu bestreiten, auch alte Fragen neu zu stellen. Jede Zeit formuliert ihre eigenen Fragen, jede gibt ihre eigenen Antworten. Und manche Antworten müssen wiederholt werden, weil oder wenn sie in Vergessenheit zu geraten oder verdrängt zu werden drohen. Ausgehend von dieser Erkenntnis, hat sich der Charakter der »Goldhagen-Debatte« im Laufe weniger Monate verändert: Überwogen am Anfang die z. T. scharfen kritischen Stellungnahmen, mit denen Notwendigkeit und Sinn einer Debatte bezweifelt wurden, so zeigte sich ab Sommer 1996 auch die Bereitschaft, sich mit den Thesen Goldhagens differenziert auseinanderzusetzen. Dementsprechend läßt sich mittlerweile in manchen Bereichen eine Art von Konsens feststellen, der indessen – und das sei nicht gering geachtet – zum Teil eher über noch zu lösende Forschungsaufgaben, als über Goldhagens konkrete Forschungsergebnisse besteht.

Weitestgehende Einigkeit bestand – am Ende – darüber, daß Goldhagen mit seinen Forschungen zur Rolle der Polizeibataillone, der »Arbeitslager« und der Todesmärsche wichtige Beiträge zur Verbesserung unserer Kenntnisse über Ausmaß und Durchführung des Mordes an den europäischen Juden geleistet hat. Auch ist nach und nach anerkannt worden, daß die Fragen nach der Rolle und vor allem der Verbreitung des Antisemitismus sowie insgesamt die nach den Motiven der Täter keineswegs so erschöpfend beantwortet sind, als daß sie nicht weiterer Klärung bedürften. Insbesondere hat Goldhagen deutlich gemacht, daß keineswegs davon auszugehen ist, daß alle Täter gegen ihren Willen und gegen ihre Überzeugung zu Mördern geworden seien; dadurch ist stärker ins

112 *Goldhagen*, Vollstrecker, S. 11.

113 So wird in manchen Berichten über die Veranstaltungen mit Goldhagen hervorgehoben, daß die Jüngeren in der Zuhörerschaft in der Mehrheit waren; siehe z. B. *Joachim Rogge*, »Das Buch stimmt mit den Erfahrungen der Opfer überein«, in: Bonner General-Anzeiger, Ausgabe vom 7. 9. 1996.

114 Siehe bereits *Matthias Heyl*, Die Goldhagen-Debatte im Spiegel der englisch- und deutschsprachigen Rezensionen von Februar bis Juli 1996. Ein Überblick, in: Mittelweg 36, 5. Jg., Nr. 4, August/September 1996, Literaturbeilage, S. 41–56.

Bewußtsein gehoben worden, daß auch der Antisemitismus zu den Motiven gehörte, die manche der Täter morden ließen. Allerdings dürfte die Annahme eines Motivgeflechts, einer Motivvielfalt allemal realistischer sein als eine monokausale Begründung, die allein auf einen spezifisch deutschen, d. h. eliminatorischen, Antisemitismus abhebt.

Als berechtigt anerkannt wurde zudem die Frage nach der Rolle des Antisemitismus in der deutschen Geschichte. Anders als von Goldhagen in seinem Buch und in den Debatten beansprucht, sahen jedoch die meisten Kritiker bei der Beantwortung dieser Frage keinen Fortschritt: Wenn es den Antisemitismus in einer Reihe von Kulturnationen gab und wenn dieser sich nicht – anders als von Goldhagen mit dem Begriff des »eliminatorischen Antisemitismus« behauptet – substantiell vom deutschen Antisemitismus unterschied, dann wird die Frage nach den Bedingungen für das Umschlagen dieses Antisemitismus in den Judenmord nur um so drängender. Das gilt erst recht, wenn man Kollektiv-Erklärungen – nach dem Muster: »Die Deutschen sind mordlustig« – verwirft.

Vor diesem Hintergrund bestand Einigkeit darüber, daß vergleichende Forschungen verstärkt werden müßten. Das gilt zum einen im Hinblick auf die Erforschung des Antisemitismus in unterschiedlichen Ländern – und zwar im synchronen wie diachronen Vergleich; und das gilt für das Postulat der vergleichenden Genozid-Forschung, auf deren Basis allein es möglich sein werde, die Bedingungen herauszuarbeiten, unter denen Massen- oder Völkermord zur Realität wird. Einige der Faktoren, die hier wirksam werden, sind im übrigen benannt worden: eine gewalttätige Ideologie, die die Brandmarkung, Ausgrenzung und schließlich Ermordung als minderwertig und/oder gefährlich eingestufter Gruppen legitimiert und die zumindest partiell akzeptiert wird; eine Ermächtigung der Täter durch staatliche oder halbstaatliche Organe; Erfahrungen und Umstände, die eine Senkung der Hemmschwelle bewirken, die »normale Menschen« davon abhält, zu Mördern zu werden. Unbestritten blieb auch eine der Kernthesen Goldhagens: Die Täter waren Deutsche, und ohne Hitler und das »Dritte Reich« hätte es keine »Endlösung der Judenfrage« gegeben. Auch wenn Goldhagen in seinem Buch durch die Gesamtanlage der Argumentation sowie durch seine Kurzzusammenfassung in der »Zeit« den Eindruck erweckt hat, er sei Anhänger einer Neuauflage der »Kollektivschuld«-These, so konnte am Ende der Debatte doch festgehalten werden, daß er keinesfalls auf der These »Die Deutschen waren die Täter« in dieser pauschalen Form beharren wollte.

Es zeigt sich also, daß Goldhagen und seine Kritiker in einer Reihe von Punkten entweder nicht so weit auseinander lagen oder ihre Thesen sich kaum so deutlich widersprachen, wie dies in den Publikationen und Podiumsdiskussionen schien. Dazu ein Beispiel: Schaut man – wie Hans Mommsen – auf den Gesamtprozeß des Judenmords, so drängt sich der Eindruck von bürokratischer Effizienz und kalter Planung auf; blickt man jedoch – wie Daniel Goldhagen – auf die Ausführung des Mordens, so treten vielfach persönliche Grausamkeit, Verachtung und Haß, treten der Wille oder die Bereitschaft hervor, die Opfer zu erniedrigen und zu quälen. Diesem Unterschied der Perspektive entspricht ein unterschiedlicher Begriff der »Vollstrecker«: Während Hans Mommsen auf die Planer und Bürokraten schaut, sieht Daniel Goldhagen auf die Ausführenden der Mordtaten. Dabei ist – das hat sich gerade in den Diskussionsveranstaltungen gezeigt – von besonderer Bedeutung, daß beim Blick allein auf die Planer des Massenmords die konkrete Lage der Opfer aus dem Blick zu geraten droht. Die Aufmerksamkeit der Geschichtswissenschaft hierauf gelenkt zu haben, kann als ein Verdienst Goldhagens gelten. Beide Ansätze sind indessen bei genauerem Zusehen durchaus miteinander vereinbar – wenn auf die jeweilige Verabsolutierung des Zugriffs und damit auf den Anspruch verzichtet wird, aus einem Teilgebiet auf das Ganze des Prozesses schließen zu können.[115]

---

115 Siehe dazu schon *Heyl*, S. 55.

Schon dieser Hinweis macht klar, daß – gemessen an den Frontstellungen des »Historikerstreits« – Daniel Goldhagen und die meisten Historiker, die mit kritischen Anmerkungen und Vorbehalten gegen die Thesen Goldhagens hervorgetreten sind, auf der selben Seite stehen: Übereinstimmend erklären sie den Aufstieg des Nationalsozialismus und den Mord an den europäischen Juden primär aus Kontinuitäten der deutschen Geschichte, die von Goldhagen indessen auf den Antisemitismus verengt werden. Überdies sind sie sich einig in der Überzeugung, daß es nicht darum gehen kann und darf, einen Schlußstrich unter die Erinnerung an die nationalsozialistischen Verbrechen zu ziehen. All denen, die – beflügelt von der deutschen Vereinigung – geglaubt hatten, sie könnten den Zeitpunkt bestimmen, zu dem Deutschland aus dem »Schatten der Vergangenheit« heraustreten kann[116], mag die Aufnahme des Buches von Goldhagen im In- und Ausland die Irrigkeit ihrer Annahme zeigen. Gerade dieser Punkt hat viel zur Politisierung und Emotionalisierung der »Goldhagen-Debatte« beigetragen. Wie nicht anders zu erwarten war, ist mehrfach beklagt worden, daß Goldhagen »die Deutschen«, die gerade eine »Normalisierung« ihrer Stellung in der Welt zurückerobert zu haben glaubten, »in die Verdammnis« zurückgestoßen habe.[117] Zur Breite der publizistischen Abwehr hat gewiß auch beigetragen, daß sich durch die – nicht zuletzt von Goldhagen selbst vertretene – These von »den Deutschen« als »den Tätern« auch damalige (und heutige) Gegner des Nationalsozialismus in die Mithaftung für den Holocaust genommen sahen.

Warum aber reagierten auch zahlreiche Fachwissenschaftler so eindeutig ablehnend, fast beleidigt? Und wie läßt sich die offenkundige Differenz zwischen der fachwissenschaftlichen Kritik und der Zustimmung seitens weiter Kreise der Öffentlichkeit erklären? Ohne den Kritikern – wie manchmal geschehen – verletzte Eitelkeit unterstellen zu wollen, sei doch darauf hingewiesen, daß sie sich wohl mit Recht von Goldhagen in ihrer Ehre gekränkt fühlten – und zwar um so tiefer, als sie zum Teil ihr Lebenswerk in Frage gestellt sahen. Die arrogante Ablehnung der bisherigen Holocaust-Forschung und insbesondere der Vorwurf, diese habe die Perspektive der Täter eingenommen, mußten von vornherein eine gelassene und fair-wohlwollende Prüfung der Argumente Goldhagens erschweren, wenn nicht blockieren. Sodann sind die unübersehbaren Mängel des Buches zu nennen: Die hermetische Argumentationsweise, die Pauschalurteile und Generalisierungen, die Vernachlässigung der Vorgeschichte des »Dritten Reiches« sowie insgesamt die Reduzierung komplexer Prozesse auf monokausale und deterministische Erklärungen – all dies bot der Kritik ausreichend Anlaß zur Ablehnung, und zwar um so mehr, wenn man sie mit den hohen Ansprüchen Goldhagens (und der Verlagsankündigungen) konfrontierte. Diese Kritik, so zeigen sowohl die während der ›Deutschland-Tournee‹ Goldhagens als auch die in jüngerer Zeit publizierten Rezensionen, wird keineswegs verstummen.[118] Auch die Tatsache der frühen Medien-Beteiligung – zu einem Zeitpunkt, als kaum ein Mensch das Buch in Deutschland, das erst ab Ende April in der amerikanischen Ausgabe verfügbar war, gelesen hatte – trug zur Emotionalisierung der Debatte bei. Allein die eingangs skizzierten »Notwendigkeiten« einer mediengerechten Aufbereitung der Thesen Goldhagens haben zu einer weiteren Zuspitzung seiner ohnehin pointierten Argumentation und zugleich der Kritik beigetragen.

Zu berücksichtigen ist gewiß auch die allgemeine »Historiker-Schelte«. Nun ist es nicht das erste Mal, daß »den« Historikern vorgeworfen wird, sie hätten nicht die Herzen der

---

116 Siehe dazu *Michael Schneider,* »Volkspädagogik« von rechts. Ernst Nolte, die Bemühungen um die »Historisierung« des Nationalsozialismus und die »selbstbewußte Nation«, in: AfS 35, 1995, S. 532–581.

117 Siehe z.B. *Nolte.*

118 Siehe z. B. *Wolfgang Scheffler,* Ein Rückschritt in der Holocaustforschung, in: Der Tagesspiegel, Ausgabe vom 3. 9. 1996; *Hannes Heer,* Die große Tautologie, in: taz, Ausgabe vom 4. 9. 1996; *Rürup.*

Menschen erreicht, für die zu schreiben sie vorgäben. Wellen öffentlichen Interesses und der Betroffenheit wurden z. B. durch die »Holocaust«-Fernsehserie und den Spielfilm »Schindlers Liste« ausgelöst; und jedes Mal wurde die Frage nach den Aufklärungsleistungen der Geschichtswissenschaft gestellt. Daß von den auf Erschütterung zielenden Filmen, in denen individuelle Schicksale vor Augen geführt wurden, eine emotionale Wirkung ausging, war von der Geschichtswissenschaft mit Bedauern über die Grenzen der eigenen Einflußmöglichkeiten registriert und letztlich als Beweis der eigenen wissenschaftlichen Sachlichkeit akzeptiert worden. Anders verhält es sich nun beim Buch Daniel Goldhagens, das die »etablierte« Holocaust-Forschung auf ihrem ureigenen Feld herausfordert und trifft: Es zeigt eindrucksvoll, daß eine geschichtswissenschaftliche Arbeit, gar eine Dissertation, nicht nur auf Interesse einer breiten Öffentlichkeit stoßen, sondern diese – zumindest für eine gewisse Zeit – politisch-moralisch mobilisieren kann. Vielleicht hat gerade dies, die Herausforderung der Geschichtswissenschaft mit geschichtswissenschaftlichen Mitteln, die Reaktion der Historiker mitgeprägt. Denn auffallend ist, daß nicht konservative Historiker, nicht Anhänger der These von der »Auschwitz-Lüge«, nicht »Historisierer« und »Normalisierer« des deutschen Geschichtsbildes und -bewußtseins mit kritischen Stellungnahmen zum Buch Goldhagens hervorgetreten sind. Zu Wort gemeldet haben sich vor allem diejenigen, die ihre geschichtswissenschaftliche Arbeit auch und vor allem als Beitrag zur politischen Bildung verstehen und sich dementsprechend von manchem »Revisionisten« den Vorwurf der »Volkspädagogik« gefallen lassen müssen. Die deutschen NS- und Holocaust-Forscher sehen sich – zu Recht – von Goldhagen nicht nur in die falsche politische Ecke gedrängt; sondern sie müssen ihn als Herausforderung auf einem Feld verstehen, auf dem sie selbst zum Teil seit Jahrzehnten tätig waren: auf dem Gebiet der moralisch-politischen Bildung. Daß ihnen dabei die Massenmedien nur in sehr begrenztem Umfang zur Seite standen, dürfte zu einer gewissen Enttäuschung, auch Verbitterung beigetragen haben.

Nun soll die »Historiker-Schelte« nicht mit einer »Medien-Schelte« beantwortet werden. Vielmehr ist auf Unterschiede in der »Mediengängigkeit« der Verarbeitung des Holocaust hinzuweisen, die letztlich in Differenzen des von der nationalen Wissenschaftskultur geprägten Selbstverständnisses der Historiker angelegt sind. Gewiß wäre es eine Verzerrung der Realität, wenn man der deutschen Wissenschaft das Leitbild des weltabgeschieden für sich selbst forschenden Gelehrten zuweisen wollte; doch ebenso falsch wäre es, wenn man ihr eine ausgeprägte Bereitschaft zur Öffnung für ein breites Publikum zuspräche. Eine breite Öffentlichkeit zu erreichen, wenn dies bei der Vermittlung der eigenen Forschungsergebnisse Vereinfachungen verlangt, gilt letztlich als »unseriös«. Von daher könnte es sein, daß die deutsche Geschichtswissenschaft für eine über die Massenmedien vermittelte Herausforderung schlecht gerüstet ist und demgemäß in der öffentlichen Selbstdarstellung und Wahrnehmung leicht ins Hintertreffen gerät; das gilt um so mehr, wenn sich »die« Historiker – wie auf dem Münchener Historikertag im September 1996 – nur mühsam zu einer öffentlichen Auseinandersetzung mit den Thesen Goldhagens bereitfinden.

Gewiß darf das Buch Goldhagens mit seinen ebenso einseitigen wie apodiktischen Thesen nicht zum Paradebeispiel einer ein breites Publikum erreichenden geschichtswissenschaftlichen Arbeit und damit als Ausdruck »der« angelsächsischen, speziell der nordamerikanischen Wissenschaftskultur stilisiert werden. Auch wenn man nicht so weit gehen kann, die »Goldhagen-Debatte« als Indiz für das Aufeinanderprallen zweier unterschiedlicher Wissenschaftskulturen zu interpretieren, so ist doch festzuhalten, daß sich die deutsche Geschichtswissenschaft bislang zu wenig darum gekümmert hat, ihre Ergebnisse in einer Form zu präsentieren, die sie für die Massenmedien und für ein breites Publikum interessant macht. In einer Zeit, in der Bücher für die Vermittlung von historischem Wissen und Bewußtsein gegenüber Massenmedien zusehends an Bedeutung verlieren, führt dies zur weiteren Einengung der historisch-politischen Einflußmöglichkeiten der Geschichtswissenschaft. Deutsche Wissenschaftstradition und (massen-)mediale Verwertung sind sich – bis auf Ausnahmen – nach wie vor relativ fremd. Wenn die »Goldhagen-Debatte« dazu beitragen sollte, dies zu ändern, so wäre das ein Verdienst. Insgesamt kann man wohl sagen, daß das Buch Goldhagens eine Herausforderung für die bisherige NS- und Holocaust-Forschung darstellt – und von dieser auch als solche verstanden worden ist. Es ist allerdings zu fragen, ob dies auch für die politische Kultur der Bundesrepublik Deutschland gilt.

Die Aufnahme des Buches Goldhagens wurde – wie gesagt – von Anfang an als ein Gradmesser für den Stand des historisch-politischen Bewußtseins, wohl auch als eine Art »Reifeprüfung« für die pluralistisch-demokratische Kultur in Deutschland betrachtet. Allein in der Fragestellung spiegelt sich ein gewisses Maß an Mißtrauen gegenüber dem in Deutschland erreichten Standard demokratischer Liberalität. Unter diesem Aspekt kann die »Goldhagen-Debatte« als Ausdruck der (skeptischen) Aufmerksamkeit gelten, mit der die politische Kultur der Bundesrepublik Deutschland im In-, aber eben auch im Ausland beobachtet wird. Ein weiteres Indiz dafür ist im übrigen die Reaktion auf die Scientology-Medienkampagne in den USA. Nur am Rande sei erwähnt, daß sich dieser skeptische Blick nach der deutschen Vereinigung mit Rücksicht auf die »neue Größe« Deutschlands verschärft hat, sich indessen – wenn es um die Vergangenheit geht – nach wie vor auf das »Dritte Reich«, nicht aber auf etwaige Nachwirkungen der DDR als der »zweiten deutschen Diktatur« bezieht.

Angesichts der nationalsozialistischen Vergangenheit kann der prüfende Blick auf die politische Kultur, kann also die Frage nach der Stellung der deutschen Bevölkerung zu den Grundprinzipien und Institutionen des eigenen politischen Systems kaum verwundern. Da die Beschäftigung mit Geschichte, zumal in Deutschland, immer auch eine politische Dimension hat, ist es nicht erstaunlich, daß eine Kontroverse um den Holocaust (wie jede Auseinandersetzung um die Interpretation des »Dritten Reiches«) auf großes, eben auch aktuell-politisch motiviertes Interesse, stößt. Das gilt um so mehr, als die Auseinandersetzung mit dem Nationalsozialismus ein zentrales Element des deutschen Selbstverständnisses bildet. Mit jedem Konflikt um die Aufarbeitung der NS-Zeit gerät auch das politische Selbstbewußtsein der Deutschen in den Blick.[119] Für weite Kreise der Öffentlichkeit sind die aus der kritischen Auseinandersetzung mit der nationalsozialistischen Vergangenheit gezogenen moralisch-politischen Lehren zugleich die Grundprinzipien, von denen sie die politische Kultur (und die Politik) der Bundesrepublik Deutschland im Sinne von Toleranz, Kompromißbereitschaft, Friedfertigkeit und liberalem Demokratieverständnis geprägt sehen wollen. Die Herausbildung einer freiheitlichen Demokratie und die erfolgreiche Integration der Bundesrepublik Deutschland in das internationale System gelten als Folgen auch dieses (selbst-)kritischen Umgangs mit der deutschen Geschichte und zugleich als Voraussetzung eines auf Beherzigung historischer Lehren beruhenden »neuen« Selbstbewußtseins. Der rationale und kooperative Gebrauch staatlicher Machtmittel wird als Ausdruck eines produktiven historischen Lernprozesses bewertet, der – eben auf der Basis früherer Erfahrungen – auf Katastrophenvermeidung zielt.[120]

So läßt sich politisches Selbstbewußtsein gewiß nicht aus der Ausblendung oder »Relativierung« der nationalsozialistischen Vergangenheit gewinnen, sondern eher aus dem Bewußtsein, in der Bundesrepublik Deutschland eine stabile demokratische Ordnung

119 Siehe dazu z. B. *Peter Steinbach*, Die Vergegenwärtigung von Vergangenem. Zum Spannungsverhältnis zwischen individueller Erinnerung und öffentlichem Gedenken, in: Aus Politik und Zeitgeschichte, Ausgabe vom 17. 1. 1997, S. 3–13, hier S. 6 f.

120 Siehe *Hans-Ulrich Wehler*, Angst vor der Macht? Die Machtlust der Neuen Rechten, Vortrag vor dem Gesprächskreis Geschichte der Friedrich-Ebert-Stiftung in Bonn am 2. Februar 1995 (= Gesprächskreis Geschichte, Heft 8), Bonn-Bad Godesberg 1995, S. 8 f.

(mit-)aufgebaut zu haben; angesichts der Verankerung dieser Ordnung in Bewußtsein und Wollen weiter Kreise der Bevölkerung ist zu hoffen, daß die deutsche Demokratie nicht nur »Schönwetter-Phasen« überleben wird. Unter diesem Aspekt ist das in der »Goldhagen-Debatte« erneut bekräftigte Interesse eines breiten Publikums an der Auseinandersetzung mit der nationalsozialistischen Vergangenheit ein Indiz für die Vitalität der eben aus dieser Auseinandersetzung geborenen liberal-demokratisch geprägten politischen Kultur. Ohne das vermutete Interesse dieses Publikums hätten die Massenmedien das Thema kaum aufgegriffen – oder die Debatte wäre rasch im Sande verlaufen. Allerdings ist davor zu warnen, auf Dauer die Koordinaten von politischer Kultur und Politik der Bundesrepublik Deutschland vorrangig aus der kritischen Auseinandersetzung mit der NS-Vergangenheit beziehen zu wollen. Vielmehr ist zu fragen, ob sich bei der »Goldhagen-Debatte« nicht eine Tendenz gezeigt hat, eben wegen der Unübersichtlichkeit aktuell-politischer Problemlagen auf historische Debatten auszuweichen, in denen die Zuordnungen von gut und böse sowie von richtig und falsch relativ leicht vorzunehmen sind. So könnte die »Goldhagen-Debatte« auch als funktionales Äquivalent für eine Diskussion über das politische Selbstverständnis des vereinten Deutschland interpretiert werden, die nicht stattgefunden hat. So wichtig also die Auseinandersetzung mit dem Nationalsozialismus für das historisch-politische Selbstverständnis der Deutschen ist und bleibt, so kann sie doch die Debatten um die Lösung der aktuellen Probleme von der Einigung Europas bis zur Zukunft des Sozialstaats nicht ersetzen.

Dennoch kann man der »Goldhagen-Debatte«, eben wegen des hohen Stellenwerts des historischen Selbstverständnisses für das politische Selbstbewußtsein der Deutschen, die Funktion eines Gradmessers für den Stand der politischen Kultur in Deutschland zuweisen. Wäre es bei der anfänglichen Diskussionsverweigerung geblieben, hätte sich die Debatte ausschließlich in den schroffen Frontstellungen der Anfangsphase verfangen, hätten sich also keine Konsens-Möglichkeiten gezeigt – dann wäre diese Debatte wohl nicht nur als Negativbeispiel für den Stand der deutschen Streitkultur als eines Teilbereichs der politischen Kultur betrachtet worden; vielmehr hätte man auch einen Rückgang der Bereitschaft, sich (selbst-)kritisch mit der deutschen Vergangenheit auseinanderzusetzen, und damit Verschiebungen im Koordinatensystem der politischen Kultur diagnostizieren müssen. Im Gegenteil: In der »Goldhagen-Debatte« hat sich ein starkes Interesse an der Beschäftigung mit der nationalsozialistischen Vergangenheit gezeigt, wobei sich (nahezu) alle Beteiligten – Journalisten, Fachhistoriker und Publikum – als Gegner jeder »Schlußstrich-Mentalität« erwiesen haben. Da historisches Bewußtsein gewiß nicht nur aus Wissen erwächst und da die liberal-demokratische Kultur vom Engagement weiter Kreise der Öffentlichkeit lebt, kann man der von Goldhagens Buch mit all seinen Überspitzungen und Defiziten ausgelösten Debatte bescheinigen, daß sie einen Beitrag zur Festigung des aus der kritischen Auseinandersetzung mit der nationalsozialistischen Vergangenheit gewonnenen historischen Selbstverständnisses geleistet hat, das die politische Kultur der Bundesrepublik Deutschland geprägt hat. Das Buch Goldhagens hatte dabei eher die Funktion eines Katalysators, der bestimmte Tendenzen des deutschen historisch-politischen Selbstverständnisses durch Kristallisation verdeutlichte, diese indessen nicht selbst initiierte. Diesen Eindruck hatte wohl auch Goldhagen selbst, als er den ihm am 10. März 1997 von den »Blättern für deutsche und internationale Politik« verliehenen »Demokratie-Preis« in seiner Dankesrede als »eindrucksvollsten Beleg« dafür interpretierte, »daß vielmehr diejenigen, die die [...] Bundesrepublik möglich gemacht haben und ihre Grundprinzipien verfechten, diesen Preis verdient haben«.[121]

121 *Goldhagen,* Modell, S. 442.

Reihe Gesprächskreis Geschichte

Heft 1

Jürgen Kocka, Die Auswirkungen der deutschen Einigung auf die Geschichts- und Sozialwissenschaften, Bonn 1992 (24 S., vergriffen)

Heft 2

Eberhard Jäckel, Die zweifache Vergangenheit. Zum Vergleich politischer Systeme, Bonn 1992 (24 S., vergriffen)

Heft 3

Von der Bürgerbewegung zur Partei. Die Gründung der Sozialdemokratie in der DDR, Bonn 1993 (180 S.)

Heft 4

Die Ost- und Deutschlandpolitik der SPD in der Opposition 1982-1989, Bonn 1993 (208 S.)

Heft 5

Reinhard Rürup, Die Revolution von 1918/19 in der deutschen Geschichte, Bonn 1993 (32 S.)

Heft 6

Dieter Langewiesche, Nationalismus im 19. und 20. Jahrhundert: Zwischen Partizipation und Aggression, Bonn 1994 (32 S.)

Heft 7

Karin Hausen, Die "Frauenfrage" war schon immer eine "Männerfrage". Überlegungen zum historischen Ort von Familie in der Moderne, Bonn 1994 (32 S.)

Heft 8

Hans-Ulrich Wehler, Angst vor der Macht? Die Machtlust der Neuen Rechten, Bonn 1995 (24 S.)

Heft 9

Peter-Christian Witt, Friedrich Ebert 1871-1925. Vom Arbeiterführer zum Reichspräsidenten, Bonn 1995 (72 S.)

Heft 10

Leonid Pawlowitsch Kopalin, Die Rehabilitierung deutscher Opfer sowjetischer politischer Verfolgung, Bonn 1995 (40 S., vergriffen)

Heft 11

Michael Schneider, Völkspädagogik von rechts (56 S.)

Heft 12

Klaus Schönhoven, Gewerkschaften und soziale Demokratie im 20. Jahrhundert, Bonn 1995 (32 S.)

Heft 13

Kurt Schumacher und der "Neubau" der deutschen Sozialdemokratie nach 1945, Bonn 1996 (192 S.)

Heft 14

Die Deutschen - ein Volk von Tätern? Zur historisch-politischen Debatte um das Buch von Daniel Goldhagen, Bonn 1996 (80 S.)

Heft 15

Herbert Wehner (1906 - 1990) und die deutsche Sozialdemokratie, Bonn, 1996 (64 S.)

Heft 16

Carlo Schmid 1896 - 1979 (24 S.)

Heft 17

Die »Goldhagen-Debatte«
Ein Historikerstreit in der Mediengesellschaft (32 S.)